Stensitzky-Thielemans

Das Almased-Kochbuch

Andrea Stensitzky-Thielemans

Das Almased-Kochbuch

Über 130 Rezepte: die optimale Ergänzung zum bewährten Abnehm-Programm

TRIAS

Liebe Leserin, lieber Leser,

der Spiegel und Ihre Waage offenbaren ein beginnendes Problemchen oder auch schon ein ausgewachsenes Problem. Da haben sich Pölsterchen oder unschöne Speckrollen gebildet, die definitiv nicht gefallen. Und der Entschluss steht fest: Der Speck muss weg.

Möglicherweise kennen Sie Almased schon, haben davon gehört/gelesen oder eine Freundin/Kollegin hat Ihnen vom durchschlagenden Erfolg vorgeschwärmt. Egal ob Ihnen Almased schon bekannt oder ganz neu für Sie ist – dieses Buch und das Almased-Pulver helfen Ihnen dabei, die gewünschten Kilos abzunehmen und Ihre Ernährung so zu gestalten, dass Sie langfristig Ihr Wunschgewicht halten können. Denn Sie wissen oder haben selbst schon durch so manche Diät oder Fastenkur erfahren, dass das Abnehmen über 1–2 Wochen meist noch ganz gut funktioniert, nur wenn man danach wieder „normal" weiterisst, schnellt auch das Gewicht wieder in die Höhe. In null Komma nichts hat man seine „alte" Figur oder sogar noch ein paar Kilos mehr auf den Rippen – der bekannte Jo-Jo-Effekt setzt ein.

Wichtig ist also die langfristige Umstellung des Ernährungsverhaltens. Und da reicht es eben nicht, die Kost nur nach Kalorien oder Nährstoffen zusammenzustellen. Da fehlt nämlich etwas Entscheidendes: Genuss! Schließlich sind wir keine Hasen, die damit zufrieden sind, jeden Tag an einer Möhre oder einem Salatblatt herumzuknabbern. Sicherlich kennen Sie auch Kolleginnen, die mittags asketisch einen Magerjoghurt löffeln, um ihre Pfunde loszu-

Mein Name ist Carolin und ich werde Sie durch dieses Buch begleiten. Warum? Weil mich Almased total überzeugt hat! Ich esse gerne und das soll auch so bleiben. Doch im Gegensatz zu früher lassen sich die genussvoll angehäuften Winterkilos mit Anfang 30 leider nicht mehr durch ein bisschen Aufpassen und ein auf Turbo geschaltetes Sportprogramm loswerden. Ich habe natürlich schon die ein oder andere „richtige" Diät ausprobiert – und auch tatsächlich dabei abgenommen. Doch oft war das sehr mühsam, die Diät zeitaufwendig oder teuer, meine Laune auf dem Tiefpunkt – und irgendwann waren die Kilos dann doch wieder da. Jo-Jo lässt grüßen.
Dass ich mal mit einem „Pulver" so leicht und unkompliziert abnehmen würde, hätte ich mir früher nie träumen lassen. Aber es funktioniert! Ich freue mich, wenn Sie ähnlich gute Erfahrungen machen wie ich – und wünsche Ihnen viel Erfolg und Genuss mit diesem Buch.

werden; nur um sich dann nach kurzer Zeit – vom Heißhunger überwältigt – auf Sahnetorte oder Pommes mit Mayo zu stürzen. Jeder kann sich eine Weile zusammennehmen, diszipliniert kalorienarm essen und das Magenknurren beharrlich ignorieren. Aber das geht nur eine Weile. Und es ist auch überhaupt nicht sinnvoll.

Essen hat etwas mit Lust zu tun. Wir essen nicht nur, um unseren Körper mit Nährstoffen zu versorgen. Nur Essen, das uns einen sinnlichen Genuss bietet, befriedigt uns auch. Dazu braucht es nicht nur Geschmack, sondern auch Düfte, vielfältige Konsistenzen, Formen und Farben. Nach einem Mahl, das alle Sinne verwöhnt, sind Sie nicht nur satt, sondern auch im übertragenen Sinne gut genährt. Wenn Ihnen die neue Ernährung Freude bereitet und Sie noch dazu Ihr Wunschgewicht erreichen und halten können, dann werden Sie keine Schwierigkeiten haben dabeizubleiben.

Und genau so sind die Almased-Diät und dieses Kochbuch konzipiert. Sie müssen keine Hungergefühle aushalten, der Stoffwechsel wird nicht gedrosselt, sondern im Gegenteil angekurbelt. Sie fühlen sich nicht schlapp und ausgelaugt, sondern vital und voller Energie. Die vorgestellten Gerichte sind vielfältig, bieten jede Menge Geschmack – über Kräuter, raffinierte Zutatenauswahl, natürliche Gewürze etc. –, sehen schön aus, sind leicht nachzukochen, helfen Ihnen dabei, Ihr Wunschgewicht zu erreichen und zu halten, und versorgen Sie mit allem, was Ihr Körper braucht.

Und Sie werden staunen, selbst für den – zugegebenermaßen in natura etwas langweilig schmeckenden – Almased-Shake finden Sie eine Fülle köstlicher Rezeptideen: lieblich, fruchtig, gemüsig, scharf, feurig – mit wenigen Handgriffen und Zutaten können Sie ein echtes Lieblingsgetränk daraus zaubern.

Die Almased-Diät und die dazugehörigen Ernährungsprinzipien sind für jeden geeignet: sowohl für Menschen mit 1–3 Kilo zu viel als auch für solche, die 20 oder 30 Kilo abnehmen möchten. Jeder findet in diesem Buch seinen maßgeschneiderten Plan: um schnell mal ein paar Pfunde zu verlieren, damit der Bikini wieder passt, und auch um langfristig erheblich abzunehmen und ein neuer Mensch zu werden.

Ich wünsche Ihnen nun viel Freude und Erfolg mit der Almased-Diät und diesem Kochbuch.

Ihre Andrea Stensitzky-Thielemans

Die Almased-Basics

Was ist Almased? Wie funktioniert die Almased-Diät? Was braucht es noch, um erfolgreich und langfristig abzunehmen? Im ersten Buchteil lernen Sie die Grundlagen kennen.

Die Almased-Vitaldiät

Almased ist ein echtes Powerprodukt, dessen vielfältige Wirkungen selbst Wissenschaftler immer wieder in Erstaunen versetzen. Lassen Sie uns also dieses „Wunderpulver" etwas genauer in Augenschein nehmen.

Der Trick: Die Komposition macht die Wirkung

Almased ist ein Vitalkostprodukt, das aus hochwertigem Soja, probiotischem Joghurt und enzymreichem Honig besteht. Es ist ein echtes Naturprodukt, das ohne Füllstoffe, Aromen, Zuckerzusätze oder sonstige Hilfsstoffe auskommt. Der ausgeklügelte Mix versorgt uns mit einer Vielzahl von Vitalstoffen. Almased aktiviert den Stoffwechsel, baut Fett statt Muskeln ab und bringt uns energiegeladen durch den Tag. Das enthaltene Sojaeiweiß ist extrem hochwertig und belastet den Organismus nicht. Sie fühlen sich gleich nach dem ersten Drink angenehm leicht, aber sind trotzdem langanhaltend satt.

Almased wirkt sowohl als Turbostarter wie auch als Dauerbrenner, denn es zündet Ihren Stoffwechsel, Ihr Energieverbrauch steigt und Ihr Körperfett schmilzt im Stoffwechselfeuer dahin. Dabei erhöht es die Fettverbrennung – sogar in der Nacht – ohne die Muskelmasse anzugreifen. Das ist extrem wichtig, denn Sie wollen ja Ihre Fettpölsterchen abbauen und nicht die mühsam antrainierten Muskeln. Eine weitere gute Nachricht: Mit Almased müssen Sie nicht hungern. Es sättigt gut und lang anhaltend. Und Sie fühlen sich wohl und haben Power.

Diese Almased-Wirkungen sind bewiesen: nicht nur durch die Erfahrungen der zahlreichen Nutzer, sondern auch durch wissenschaftliche Studien. Denn seit mehr als zehn Jahren erfor-

Ich esse sehr gerne und oft. Manchmal auch zu gerne und zu oft … normalerweise gönne ich mir drei richtige Mahlzeiten und dann noch das ein oder andere zwischendurch – Sie kennen das ja bestimmt. In der Abnehmphase der Almased-Diät esse ich plötzlich nur noch einmal pro Tag – und bin total verblüfft. Einmal essen, zwei Almased-Shakes – das ist ja nicht gerade viel, aber ich bin trotzdem satt! Und Heißhunger? Fehlanzeige!

Eigentlich bin ich eine totale Naschkatze – gerade am Nachmittag im Büro strahlt mich meine Schublade mit Süßigkeiten förmlich an und oft kann ich einfach nicht widerstehen. Auch bei anderen Diäten war das Nachmittagsloch immer ein großes Problem – aber mit Almased scheint es wie weggeblasen.

WISSEN

Almased aktiviert und optimiert den Stoffwechsel

Für die bekannten Diäten gilt: 10–20 % des verlorenen Gewichtes sind Muskeln. Die groß angelegte Almased-Studie an der Universität Freiburg hat gezeigt: Während einer Diät mit Almased verliert der Körper ausschließlich Fett und behält zu 100% seine Muskelmasse. Es ist sogar so, dass diejenigen, die sich moderat körperlich betätigen, trotz reduzierter Kalorienmenge, Muskelmasse aufbauen. Der Stoffwechsel bleibt stabil und wird nicht, wie bei anderen Diäten, auf „Sparflamme“ geschaltet. Das ist nur möglich, weil eine Almased-Mahlzeit nur die benötigten Kalorien enthält und gleichzeitig die richtigen Stoffwechselsignale sendet – ein richtiger Stoffwechsel-Booster also.

schen Wissenschaftler die vielfältigen Wirkungen des Vitalpulvers. Ihre Untersuchungen beweisen: Almased hilft nicht nur beim Abnehmen, sondern sorgt auch für besseren Schlaf, fördert die Regeneration und wirkt Krankheiten wie Diabetes, Fettstoffwechselstörungen, Osteoporose und entzündlichen Erkrankungen entgegen. Man kann es also in der Tat als eine Art „Wunderpulver“ bezeichnen, ein Vielkönner und eine zeitgemäße Antwort auf unseren aktuellen Lebensstil. Was uns jedoch am meisten interessiert, ist die Fähigkeit, unseren müden Stoffwechsel zu wecken, besonders während der Nacht Erholung und Regenration zu fördern und die müde Fettverbrennung zu entfachen.

Nicht in Ernährungsfallen tappen

Ob unser Körper Fett speichert, hängt nicht nur von den Kalorien, sondern auch von der Qualität der Nahrung ab. Wenn wir Hochwertiges essen, können wir wesentlich mehr verzehren, ohne Fett anzusetzen. Denn die Inhaltsstoffe unserer Nahrung beeinflussen unseren Stoffwechsel: satt oder hungrig, Fettverbrennung oder -speicherung, hoher oder niedriger Grundumsatz, aktive oder lahme Hormone – das alles hängt wesentlich von den Signalen ab, die unser Essen aussendet.

wichtig

Es ist eine Tatsache, dass der Stoffwechsel vieler Menschen nicht richtig funktioniert, weil sie sich falsch ernähren.

Weitere Probleme bereiten auch die industrielle Verarbeitung unserer Lebensmittel, der Zusatz künstlicher Aromastoffe sowie das künstliche Haltbarmachen. Dadurch gehen wertvolle Nährstoffe verloren, die für das Stoffwechselkraftwerk unseres Körpers extrem wichtig sind. Der Körper verbrennt die Nahrung nicht mehr richtig. Das macht dick und schlapp.

Die richtigen Signale setzen

Almased hingegen bringt den festgefahrenen Stoffwechsel wieder ins Rollen:

- Das überschüssige Fett wird optimal verbrannt, ohne die mühsam antrainierten Muskeln anzuknabbern.
- Das Eiweiß in Almased ist besonders leicht verdaulich. Es sättigt lang anhaltend.
- Ein Almased-Shake als Mahlzeitenersatz bewahrt 4–5 Stunden lang vor dem nagenden Hungerloch.
- Sie werden abgenommen haben, ohne Hungergefühle zu verspüren.
- Almased enthält viele wichtige essenzielle Nährstoffe und zellschützende sekundäre Pflanzenstoffe.
- Es steigert die Leistungsfähigkeit und die Widerstandskraft: Sie sprühen vor Energie und Kraft.
- Die Zellerneuerung läuft wie geschmiert.
- Sie werden spüren, dass Sie sich gern bewegen und energiegeladen an Ihre täglichen Aufgaben gehen.
- Selbst Ihre Blutwerte profitieren, denn vom Cholesterin bis zum Blutzucker kehren alle erhöhten Werte langsam wieder in den grünen Bereich zurück.
- Selbst die Verdauung profitiert, denn die im Joghurt enthaltenen aktiven Milchsäurebakterien unterstützen die guten Bakterien im Darm. Sie fühlen sich leicht und vital.

- Wenn Sie zusätzlich Sport treiben, können Sie Ihre Erfolge noch steigern: Dann schmelzen nicht nur die Fettpölsterchen dahin, sondern Sie bauen auch Ihre gesamte Muskulatur auf.

Hormone zu Helfern machen

Verbünden Sie sich mit Ihren Stoffwechsel-Hormonen. Lassen Sie sie für sich arbeiten und Ihnen beim Abnehmen helfen. Wie das geht? Am Beispiel von Zucker bzw. Kohlenhydraten beschreibe ich zunächst den Ist-Zustand bei vielen Menschen: Sie sind Sklave Ihrer Hormone. Jedes kohlenhydrathaltige Lebensmittel wird im Körper zu Zucker (Blutzucker) umgewandelt. Lebensmittel, die viel Zucker oder Weißmehl enthalten, werden vom Körper sehr schnell in verfügbaren Blutzucker umgewandelt. Nach dem Verzehr zuckerreicher Lebensmittel schnellt unser Blutzuckerspiegel steil in die Höhe. Unser Körper schüttet als Reaktion darauf jede Menge des Hormons Insulin aus. Daraufhin saust der Blutzuckerspiegel in den Keller. Das ist ein Alarmsignal und der Körper funkt: Ich brauche sofort neuen Zucker! Sie bekommen Heißhunger auf Süßes und die Achterbahnfahrt beginnt aufs Neue. Wir brauchen Lebensmittel, die einen hohen Faseranteil – Ballaststoffe – enthalten, denn diese werden sehr viel langsamer in Blutzucker umgewandelt. Hierzu zählen z. B. Vollkornbrot, Naturreis, Hülsenfrüchte, Pilze, Nüsse und Gemüse. Nach dem Genuss dieser Lebensmittel steigt der Blutzuckerspiegel nur langsam und auch nicht so hoch an. Die Bauchspeicheldrüse schüttet nur wenig Insulin aus. Durch den gleichmäßigen Blutzuckergehalt werden alle Zellen im Körper kontinuierlich gut versorgt, was Sie direkt daran merken, dass Sie langanhaltender satt sind.

Wegweiser: glykämischer Index

Um nun gleich zu erkennen, ob ein Lebensmittel gut oder schlecht für den Blutzuckerspiegel ist, gibt es den glykämischen Index (GI). Dieser zeigt an, ob ein Nahrungsmittel zu einem schnellen oder langsamen Blutzuckeranstieg führt. Ein niedriger GI bedeutet, das Lebensmittel führt zu einem langsamen, nicht so hohen Blutzucker. Ein niedriger GI ist also gut. Ein hoher GI bedeutet dagegen einen schnellen, hohen Blutzuckeranstieg, was eine starke Insulinausschüttung zur Folge hat. Der glykämische Index bezieht sich auf jeweils 50 g Kohlenhydrate in einem Lebensmittel.

Da wir nicht immer 50 g Kohlenhydrate in einem Lebensmittel zu uns nehmen, benötigen wir für die Praxis einen Wert, der die Auswirkungen einer gesamten Mahlzeit (nicht eines einzelnen Lebensmittels) auf den Blutzuckerspiegel wiedergibt. Diesen Wert nennt man glykämische Last (GL).

Toll, dass die Almased-Diät so wenig Zeit beansprucht. Wenn ich morgens mal wieder den Wecker dreimal in den Schlummermodus geschickt habe, muss es anschließend besonders flott gehen ... Schnell Almased, Öl und etwas Vanillepulver mit Wasser verrühren, ab ins Bad – und wenn ich aus der Dusche komme, ist der Drink so richtig schön cremig geworden. Der rutscht zur Not auch im Stehen gut runter. Und abends? Klar, wenn ich Zeit habe, koche ich mir was Leckeres aus diesem Buch. Aber wenn ich noch ins Fitness-Studio oder ins Kino will, ist der Drink einfach schnell angerührt: einfach mixen, trinken – und dann kann der Abend beginnen.

Wie Sie sich vermutlich schon gedacht haben, hat Almased einen sehr niedrigen GI und eine Almased-Mahlzeit eine sehr niedrige glykämische Last (GL). Nach dem Genuss von Almased – z.B. einem Almased-Shake als Mahlzeit – wird Ihr Blutzucker also nur leicht steigen. Da der Blutzucker dann im optimalen Bereich ist, gibt es keine Veranlassung für Ihren Körper, viel Insulin auszuschütten.

wichtig

Und das ist wunderbar: Denn je weniger Insulin im Blut ist, desto besser funktioniert die Fettverbrennung! Statt durch Kohlenhydrate deckt der Körper dann seinen Energiebedarf, wie gewünscht, verstärkt aus seinen eigenen Fettreserven. Ihre Fettpölsterchen schmelzen dahin.

Schluss mit dem Jo-Jo-Effekt!

Der Jo-Jo-Effekt entsteht immer dann, wenn man dem Körper von allen Nährstoffen zu wenig anbietet. Viele Diäten funktionieren nach dem Prinzip, die tägliche Gesamtkalorienzahl zu verringern, indem an Eiweiß, Fett und Kohlenhydraten gespart wird. Während man die Diät macht, verliert man meist tatsächlich Gewicht. Denn man führt ja weniger Energie zu, als der Körper verbrennt. Aber man kann nicht vermeiden, dass der Körper sich dann eben auch an den Muskeln zu schaffen macht und nicht nur am Fett. Weniger Muskeln bedeutet aber auch: geringerer Grundumsatz. Zusätzlich wird dieser vom Körper gedrosselt. Denn wenn der Körper über eine gewisse Zeit weniger Nahrung erhält, als er braucht, schaltet er auf Sparflamme. Für unsere Urahnen – die phasenweise nur wenig zu beißen hatten – war das überlebenswichtig. In Zeiten übervoller Supermarktregale ist das natürlich eher Fluch als Segen. Das Ende vom Lied, das Sie vielleicht auch schon am eigenen Leib erfahren haben, ist ein Gewichtsanstieg, sobald die Diät beendet ist. Schon kurze Zeit nach der Diät zeigt die Waage mehr an als vor der Diät. Das ist extrem frustrierend.

Das ist bei der Almased-Diät anders. Denn Sie nehmen auch während der Abnehmphase alle hochwertigen Vitalstoffe zu sich. Ihre Muskeln werden entsprechend „ernährt“ und bleiben erhalten. Während der Almased-Diät wird auch der Grundumsatz nicht gedrosselt. Im Gegenteil: Almased kurbelt den Stoffwechsel an. Und dennoch erhält der Körper weniger Kalorien, als er braucht. Sie zwingen ihn dazu, sich über Ihre unliebsamen Fettpolster herzumachen. Und nur über die.

Abnehmen ohne Hunger!

Vor allem das überschüssige Fett am Bauch beleidigt nicht nur die Eitelkeit, sondern ist besonders ungesund. Es treibt sein Unwesen und torpediert unsere Abnehmversuche. Denn es lagert sich in den Fettzellen zwischen den Organen im Bauchraum ein. Wenn diese Fettzellen aber zu stark „gemästet“ werden, laufen sie aus dem Ruder. Sie führen dann eine Art Eigenleben und produzieren jede Menge Botenstoffe und Hormone, die den Stoffwechsel aus dem Tritt bringen. Zum Beispiel steigt der Leptinspiegel. Leptin ist ein Hormon, das Hunger und Sättigung reguliert. Ist der Leptinspiegel ständig im roten Bereich, führt das zu permanentem Hunger. Man isst und isst und wird einfach nicht mehr richtig satt.

Ein weiteres wichtiges Hormon ist Ghrelin, das im Magen gebildet wird, wenn dieser leer ist. Es gibt dem Gehirn ebenfalls ein Hunger- oder Sattsignal. Das dritte Hormon im Bunde bei der Regulation des Sättigungsgefühls ist das Ihnen schon bekannte Insulin.

Diese 3 Hormone sind der Schlüssel für Ihren Diäterfolg. Almased ist Ihr Verbündeter, denn es sorgt dafür, dass Insulin, Leptin und Ghrelin sich zufrieden auf ihrem Wohlfühlniveau schlängeln. Keine Ausreißer mehr, die „Alarm!“, „Hunger!“ oder „Ich brauch' Süßes!“ schreien und Sie wie ferngesteuert zum Kühlschrank wandern oder in Ihre Süßigkeitenschublade greifen lassen. Nach einem Almased-Shake sind Sie 4–5 Stunden satt und gut drauf.

So geht's: in 4 Phasen zum Wunschgewicht

Die Theorie ist jetzt klar. Wie funktioniert die Almased-Diät nun praktisch? Es gibt 4 Phasen: Den schlappen Stoffwechsel zünden, die Fettverbrennung auf vollen Touren laufen lassen, das Erreichte stabilisieren und langfristig schlank und vital sein.

1. Startphase – den Stoffwechsel zünden

In der Startphase stellen Sie Ihren Körper auf das Abnehmen ein. Diese Phase ist die Initialzündung, um den Stoffwechsel so anzufachen, dass die Fettverbrennung in Fahrt kommt.

- In der Startphase ersetzen Sie alle 3 Hauptmahlzeiten durch einen Almased-Shake.
- Diese Startphase sollte 3 Tage dauern; lässt sich also ideal am Wochenende beginnen.
- Am effektivsten ist es, das Almased-Pulver in Wasser einzurühren.
- Zur Abwechslung können Sie aber auch gern die zahlreichen Shake-Rezepte ab S. 32 ausprobieren. Damit geschmacklich keine Langeweile aufkommt, finden Sie hier diverse Varianten: lieblich, fruchtig, würzig, scharf, – suchen Sie sich einfach aus, was Ihnen am besten schmeckt.
- Trinken Sie zusätzlich reichlich kalorienfreie Getränke. Empfehlenswert sind ca. 2,5–3 Liter pro Tag, dann kann Ihr Körper alle Abbauprodukte, die bei der Fettverbrennung anfallen, gut ausscheiden.
  - Ideal ist ein mineralstoffreiches Mineralwasser, also ein Wasser, das in der Summe mindestens 300 mg/Liter Kalzium plus Magnesium enthält sowie mindestens 1500 mg Hydrogenkarbonat/Liter liefert.
  - Empfehlenswert sind auch alle Kräuter- oder Früchtetees; Kaffee und schwarzer oder grüner Tee (maximal 2–3 Tassen pro Tag) sind auch geeignet. Natürlich alles ohne Zucker.
  - Sie können auch mehrmals am Tag selbst hergestellte Brühe trinken (Rezept siehe S. 43). Diese enthält sehr wenig Kalorien.
- Versorgen Sie Ihren Körper mit essenziellen Fettsäuren, die er selbst nicht herstellen kann. Nehmen Sie Pflanzenöle, die reich an Omega-3-Fettsäuren sind, also z. B. Speiseleinöl, Rapsöl, Sojaöl oder Walnussöl. Man kann diese Öle in den

Mengenangaben für die 4 Phasen der Almased-Diät.

Körpergröße	Phase 1	Phase 2	Phase 3	Phase 4
	3× täglich	2× täglich	1× täglich	1× täglich
150–169 cm	5 gehäufte Esslöffel (50 g)	5 gehäufte Esslöffel (50 g)	5 gehäufte Esslöffel (50 g)	3 gehäufte Esslöffel (30 g)
170–184 cm	6 gehäufte Esslöffel (60 g)	6 gehäufte Esslöffel (60 g)	6 gehäufte Esslöffel (60 g)	3 gehäufte Esslöffel (30 g)
185–190 cm	7 gehäufte Esslöffel (70 g)	7 gehäufte Esslöffel (70 g)	7 gehäufte Esslöffel (70 g)	3 gehäufte Esslöffel (30 g)

- Almased-Drink geben, in die selbst hergestellte Gemüsebrühe oder in einen Gemüsesaft einrühren.
- Einen beispielhaften Tagesplan finden Sie in der vorderen Umschlagklappe.

Wie viel Almased brauche ich?

Die benötigte Almased-Menge orientiert sich an der jeweiligen Körpergröße (siehe Tabelle auf der linken Seite). Wenn man zu viel oder zu wenig verwendet, wird die Almased-Diät nicht wie gewünscht funktionieren. Die richtige Almased-Dosierung ist also entscheidend für die erfolgreiche Gewichtsreduktion. Ein gehäufter Esslöffel Almased entspricht 10 g.

Den Almased-Shake zubereiten

Rühren Sie die für Sie richtige Almased-Menge in 200 ml kalte oder lauwarme Flüssigkeit ein. Dann in kleinen Schlucken langsam trinken. Den schnellsten Erfolg haben Sie, wenn Sie Wasser verwenden. Fettarme Milch (1,5 % Fett), Buttermilch oder Kefir sind auch o.k. Wenn Sie 6 oder 7 Esslöffel Almased pro Shake benötigen, nehmen Sie entsprechend mehr Wasser (250–300), damit sich das Pulver gut löst. Noch einmal im Überblick:

- Sie nehmen je nach Körpergröße 50, 60 oder 70 g Almased (5, 6 oder 7 gehäufte Esslöffel)
- geben es in 200–300 ml kaltes oder lauwarmes Wasser
- fügen 1 EL omega-3-fettsäurereiches Öl hinzu (wenn Ihnen das lieber ist, können Sie dieses aber auch in die selbst hergestellte Gemüsebrühe oder einen Gemüsesaft einrühren)
- verrühren alles gut miteinander (oder im Shaker schütteln)
- füllen den Shake in ein Glas um und trinken ihn in kleinen Schlucken langsam aus.

Bitte zwischen den 3 Almased-Shake-Mahlzeiten Abstände von 4–6 Stunden einhalten. Außer den genannten Shakes, Getränken und der Brühe sollten Sie in der Startphase nichts anderes zu sich nehmen!

Die Startphase dauert in der Regel 3 Tage. Sie bringen den Stoffwechsel auf Touren und die Fettverbrennung läuft an. Sie können die Startphase bis auf 7 Tage ausdehnen, wenn Sie insgesamt nur wenig Zeit haben und zügig abnehmen möchten (siehe „Bikini-Notfall-Plan“ in der hinteren Umschlagklappe). Möchten Sie aber die komplette 4-Phasen-Almased-Diät über einen längeren Zeitraum durchführen, reichen die 3 Tage Startphase völlig aus.

> **WISSEN**
>
> **Was tun bei Gewichtsstillstand?**
>
> Wenn man über einen längeren Zeitraum kein Gewicht mehr verliert oder sich einige Tage nicht an den Diät-Plan halten konnte, kann man 1 oder 2 Tage aus der Startphase einlegen. Dann wird der Stoffwechsel wieder angekurbelt und die Fettverbrennung wieder aktiviert.

2. Reduktionsphase – die Pfunde purzeln

In dieser Phase verbrennt Ihr Körper kontinuierlich das überschüssige Fett. Ihre Fettpolster schmelzen dahin wie Eis in der Sonne. Die Länge dieser Phase richtet sich danach, wie viel Gewicht Sie gern loswerden möchten. Sind es nur wenige Kilos, reichen wahrscheinlich schon 2 Wochen. Sind es mehr, dehnen Sie diese Phase entsprechend aus. Diese Phase können Sie problemlos bis zu 3 Monate durchführen. Dann wird es Zeit für die 3. Phase – die Stabilitätsphase.

In der Reduktionsphase ersetzen Sie 2 Mahlzeiten mit einem Almased-Shake. Suchen Sie sich aus den vielfältigen Almased-Shake-Rezepten ab S. 32 einfach die heraus, auf die Sie gerade Lust haben. Wenn Sie eine Idee brauchen, wie so ein Tag in der Reduktionsphase aussehen könnte, schauen Sie auf die vordere Umschlagkappe, dort finden Sie einen beispielhaften Plan. Idealerweise ersetzen Sie das Frühstück und das Abendessen durch einen Almased-Shake:

- Mit dem Almased-Shake zum Frühstück knipsen Sie die Fettverbrennung für den ganzen Tag an.
- Zum Mittag bereiten Sie sich was Leckeres zu. Vielfältige Rezeptideen finden Sie dazu ab S. 53.
- Am Abend kurbeln Sie mit dem Almased-Shake noch einmal so richtig die Fettverbrennung in der Nacht an. Denn auch wenn wir beim Schlafen nur herumliegen, ist der Körper keineswegs untätig. Die Regeneration braucht viel Energie. Ideal, wenn Sie da den Schalter auf „Fatburn" gestellt haben. Dann schmelzen Sie selbst im Schlaf Ihre Fettpolster ein.

wichtig

Es muss übrigens nicht immer ein flüssiger Shake sein. Sie können Ihre Almased-Mahlzeit zur Abwechslung auch mit Joghurt oder Quark zubereiten (Rezepte siehe S. 42) oder abends als würzige Almased-Tomatencremesuppe (Rezept siehe S. 43). Im Sommer ist das erfrischende Almased-Eis (Rezept siehe S. 41) der Hit.

3. Stabilitätsphase – das Gewicht halten

Wenn Sie Ihr Wunschgewicht erreicht haben oder den Großteil der überflüssigen Pfunde losgeworden sind, können Sie in die 3. Phase der Almased-Diät übergehen. Sie hilft Ihnen dabei, das neue Gewicht zu halten und die erreichten Ziele zu stabilisieren. Wenn noch überschüssiges Fett vorhanden ist, nimmt man auch in dieser Phase weiterhin ab. Und das Gute dabei ist, dass sich nach wie vor kein Jo-Jo-Effekt einstellt. Diese Stabilitätsphase kann bis zu 18 Wochen dauern. In der Stabilitätsphase ersetzt man nur noch 1 Mahlzeit des Tages durch einen Almased-Shake. Idealerweise ersetzen Sie Ihr Abendessen durch einen Almased-Shake, denn das heizt die Fettverbrennung über Nacht an. Da in Almased kaum Kohlenhydrate enthalten sind, bleibt der Insulinspiegel auch schön niedrig. Das ist ebenfalls wichtig, damit der Körper sich übers Fett hermacht. Und damit nicht genug wird Ihr Schlummer durch Almased zum echten Schönheitsschlaf, weil es die Bildung des Regenerationshormons – auch Jugendhormon genannt – anregt. Sie sind am Morgen nicht nur ausgeruht und erholt, sondern auch schlanker und verjüngter. Einen beispielhaften Tagesplan finden Sie in der vorderen Umschlagklappe. Das Abendessen durch den Almased-Shake zu ersetzen, wäre die Ideallösung. Wenn das aber nicht in Ihren Tagesablauf passt, können Sie selbstverständlich auch das Frühstück oder das Mittagessen durch den Shake ersetzen. Ein Vorteil dabei wäre, dass Sie schon Übung im Zubereiten geeigneter Mahlzeiten für das Abendessen bekommen. Denn Sie wissen ja, dass Sie abends besonders auf eine geringe Kohlenhydratmenge achten sollten, damit der Insulinspiegel schön unten bleibt.

Irgendwie tut mir Almased gut – ich fühle mich rundherum wohl in meiner Haut, ich schlafe herrlich tief und auch meine Stimmung ist klasse. Klar, purzelnde Pfunde sorgen immer für gute Laune, doch bei anderen Diäten war ich oft „unterzuckert" und einfach mies drauf. Mit Almased fühle ich mich super energiegeladen und habe gute Nerven, auch wenn's im Büro drunter und drüber geht – das finden auch meine Kolleginnen gut ... dass Almased nur natürliche Zutaten enthält. Und mit dem vielen frischen Gemüse in den Rezepten fühle ich mich gut versorgt und energiegeladen – manchmal kommt es mir sogar vor, als ob mein Stoffwechsel einen Gang hochschalten würde.

WISSEN

Ballaststoffe sind vielseitige Helfer

Ballaststoffe heißen so, weil wir sie nicht verdauen können; aber sie sind alles andere als überflüssig.
Sie haben nämlich die Fähigkeit, im Verdauungssystem aufzuquellen; durch die Magenfüllung sorgen sie für Sättigung. Zusätzlich stärken sie die Darmflora und damit auch das Immunsystem.
Durch ballaststoffreiche Nahrungsmittel werden der Blutzuckerspiegel und damit auch der Insulinspiegel niedrig gehalten. Und selbst den Cholesterinspiegel beeinflussen sie positiv, weil Cholesterin im Darm an Ballaststoffe gebunden und ausgeschieden wird, statt wieder ins Blut zu gelangen.
Bitte bei ballaststoffreicher Ernährung viel trinken, damit die Ballaststoffe auch wirklich gut quellen und damit gut arbeiten können.

Den Körper richtig programmieren

wichtig

Halten Sie zwischen den Mahlzeiten einen Abstand von 4–6 Stunden ein, damit der Körper seinen Energiebedarf tatsächlich aus dem Fett deckt.

Es ist gar nicht so schwer, den Stoffwechsel auf dem richtigen Kurs zu halten. Wenn Sie die hier beschriebenen Empfehlungen möglichst konsequent umsetzen, bestimmen Sie, wohin die Reise geht. Ein wichtiger Schalthebel, den Sie immer unter Kontrolle behalten sollten, ist dabei der schon oft erwähnte Insulinspiegel. Wenn Sie dafür sorgen, dass er auf einem niedrigen Niveau bleibt, bewegen Sie sich im sicheren Fahrwasser. Das gelingt, indem Sie nur geringe Mengen an Kohlenhydraten zu sich nehmen und auch nur solche, die langsam zu Zucker umgewandelt werden und ins Blut gehen (aus Vollkornprodukten). Vor allem das Abendessen sollte nur wenige Kohlenhydrate enthalten.

Bei den im Buch vorgestellten Rezepten sind die Ernährungsprinzipien natürlich perfekt umgesetzt. Haben Sie Spaß daran, die Rezepte nachzukochen und auszuprobieren. Nach etwas Übung können Sie Ihrer Kreativität freien Lauf lassen und eigene Gerichte zusammenstellen. So sollte eine Mahlzeit aussehen:

- 1 große Portion Gemüse und/oder Salat (ca. 400–500 g)
- 1 Eiweißkomponente (ca. 180–200 g Rohgewicht), z. B. Fisch, Fleisch, Tofu oder 2 Eier
- 1 kleine Kohlenhydratkomponente, z. B. 40 g (roh) Reis oder Nudeln, 2 mittelgroße Kartoffeln oder 1 Scheibe Vollkornbrot
- 1 EL Öl: z. B. für das Salatdressing (Walnuss- oder Leinöl) oder zum Anbraten von Fisch oder Fleisch (Raps- oder Sojaöl).

Viel Gemüse und Salat essen

Nutzen Sie die ganze Vielfalt der Gemüse- und Salatsorten. Treiben Sie es bunt! Denn hinter den unterschiedlichen Farben verbergen sich wertvolle sekundäre Pflanzenstoffe. Der rote Farbstoff Betanin aus Roter Bete stärkt beispielsweise die Abwehrkräfte und schützt vor Infektionen und Entzündungen. Gemüse und Salat versorgen uns mit wertvollen Vitaminen, den genannten sekundären Pflanzenstoffen und Ballaststoffen (siehe Kasten). Außerdem füllt eine große Portion Gemüse super den Magen, enthält aber kaum Kalorien. Daher ist bei fast allen unseren Rezepten Gemüse und Salat dabei; beim Frühstück ist das zunächst vielleicht gewöhnungsbedürftig, aber schon nach kurzer Zeit werden Sie die positiven Wirkungen spüren.

Almased sättigt hervorragend

Die besondere Kombination von Almased garantiert eine langanhaltende Sättigung. Das geheime Herstellungsverfahren von Almased stellt sicher, dass die empfindlichen Honigenzyme bei der Herstellung lebendig bleiben. Zusammen mit den bioaktiven Pflanzenstoffen aus der Sojabohne und den

Inhaltsstoffen des Joghurts entsteht ein neues Lebens-Mittel. Gleichzeitig sind die Rohstoffe so gewählt, dass eine ideale Kombination aus Eiweiß und Kohlenhydraten entsteht.

Daher kombinieren wir in der Almased-Diät zu jedem Salat oder Gemüse immer eine Portion Fleisch, Geflügel, mageren Schinken, Fisch, Eier, Tofu, Hüttenkäse, Kräuterquark oder Käse (bis 45 % Fett i. Tr.).

WISSEN

Verdauung verbraucht Energie

Nach dem Essen erhöht sich der Energieverbrauch unseres Körpers, denn die einsetzende Verdauungstätigkeit verbraucht Kalorien. Ihr Grundumsatz erhöht sich und Wärmeenergie wird frei (fachsprachlich Thermogenese). Vielleicht haben Sie auch schon einmal bemerkt, dass Ihnen nach dem Essen warm wird.

Die Eiweißverdauung führt besonders lange und intensiv zur Thermogenese. Wenn Sie sich – wie hier vorgeschlagen und in den Rezepten umgesetzt – eiweißreich ernähren, läuft Ihre Thermogenese auf Hochtouren und Sie verbrauchen bereits Kalorien, ohne einen Finger dafür krumm zu machen. Ist das nicht toll?

Man unterscheidet tierische und pflanzliche Eiweißlieferanten:

- Zu den tierischen zählen Fleisch, Schinken und Wurstwaren, Fisch und Fischprodukte, Milch und Milchprodukte wie Molke, Käse, Quark, Joghurt, Kefir, Buttermilch und Hüttenkäse sowie Eier.
- Zu den pflanzlichen gehören Sojaprodukte, Tofu, Pilze, Nüsse, in geringerem Maße auch Getreideprodukte, Hülsenfrüchte und Kartoffeln.

Soja und Sojaprodukte haben an sich und ohne Kombination einen hohen Eiweißnutzen für den Körper. Daher enthält Almased als Eiweißkomponente ja viel besonders hochwertiges Soja.

Wertvolle Fette und Öle sind unverzichtbar

Fette sind die energiereichsten Nährstoffe, deshalb verwenden wir sie immer nur in reduzierter Menge. Dennoch wäre es falsch, vollständig auf diese zu verzichten, um Kalorien einzusparen. Denn wir brauchen unbedingt bestimmte Fettsäuren, z. B. Omega-3-Fettsäuren, die unser Körper nicht selbst herstellen kann. Diese langkettigen, mehrfach ungesättigten Fettsäuren kurbeln die Fettverbrennung sogar an und helfen Ihnen beim Abnehmen. Außerdem sind Omega-3-Fettsäuren unverzichtbar für den Aufbau von Gehirn-, Nerven- und Körperzellen. Sie wirken auch günstig auf den Blutdruck und die Blutfette, damit diese im grünen Bereich bleiben. Auch die Durchblutung wird angeregt. – Der gesamte Körper wird besser mit dem lebensnotwendigen Sauerstoff versorgt. Omega-3-Fettsäuren helfen darüber hinaus dabei, die Blutgefäße elastisch zu halten, wirken also vorbeugend gegen Arteriosklerose (Gefäßverengung). – Viele gute Gründe, sich täglich mit diesen wertvollen Fettsäuren zu versorgen.

Besonders reich an Omega-3-Fettsäuren sind fette Kaltwasser-Fische wie Lachs, Hering, Makrele, Thunfisch und Sardinen sowie pflanzliche Öle wie Rapsöl, Walnussöl und Sojaöl. Leinöl enthält ganz besonders viel davon; wenn Sie den Geschmack gern mögen, wäre dies eine optimale Ergänzung Ihres Speiseplans.

wichtig

Daher enthalten die Rezepte entweder einen Löffel pflanzliches Öl oder Fisch, der in kalten Gewässern lebt und deshalb besonders fettreich ist (z. B. Hering, Makrele oder Lachs). Eine ideale Eiweiß- und Fettkombination. Bitte auf keinen Fall weglassen!

Nur wenig und die richtigen Kohlenhydrate essen

Ein wichtiges Prinzip der Almased-Diät ist der geringe Verzehr von Kohlenhydraten (KH). Alle Kohlenhydrate mit einem hohen glykämischen Index (GI), wie Zucker, Weißmehl, zuckerhaltige Fertigprodukte und Getränke, treiben den Blutzuckerspiegel zu schnell in die Höhe. Der Insulinspiegel schnellt nach oben und Ihr Stoffwechsel läuft aus dem Ruder. Viel besser sind Lebensmittel mit einem niedrigen GI, dann behalten Sie nämlich die Kontrolle und werden weder von Unterzuckerung noch von Heißhungerattacken gegängelt. Optimal sind kleine Mengen an Vollkornprodukten sowie Gemüse jeglicher Art.

Alle Rezepte sind in dieser Art gestaltet. Die meisten enthalten wenig blutzuckerwirksame KH, die glykämische Last ist also gering. Daher können sie sowohl zum Mittagessen als auch zum Abendessen genossen werden. Ab und zu möchten Sie vielleicht doch mal Nudeln, Reis, Kartoffeln oder Couscous als Hauptgericht essen. Solche Rezepte finden Sie auch, aber sie bilden eine Ausnahme, weil sie mehr Kohlenhydrate als Eiweiß enthalten, statt, wie in der Almased-Diät angestrebt, mehr Eiweiß als Kohlenhydrate. Aber auch bei diesen Rezepten ist die Nudel-, Reis oder Kartoffelportion kleiner, als Sie es bisher gewohnt sind. Wählen Sie solche Gerichte am besten zum Mittagessen (Hinweis: „ideal zum Mittag"), dann werden die enthaltenen Kohlenhydrate im Laufe des Nachmittags durch Bewegung oder Sport noch verbrannt. Abends würde man mit den Kohlenhydraten nur die Speckpölsterchen aufpeppeln.

So haben Sie alles im Griff

- Wählen Sie Lebensmittel mit einem niedrigen glykämischen Index (GI) aus. Das sind alle ballaststoffreichen Lebensmittel wie Gemüse und Vollkornprodukte. Kleine Portionen an Vollkornprodukten sichern eine niedrige glykämische Last.
- Jede Mahlzeit sollte mehr Eiweiß als Kohlenhydrate enthalten. Bei tierischen Eiweißlieferanten wie Käse bitte lieber die fettärmere Variante nehmen, damit neben dem erwünschten Eiweiß nicht zu viel tierisches Fett in Ihrer Mahlzeit landet.
- Der gesamte Kohlenhydratanteil pro Tag liegt bei ca. 100 g.
- Wertvolle pflanzliche Öle mit Omega-3-Fettsäuren sind ein kleiner, aber wesentlicher Bestandteil des Speiseplans.
- Mahlzeitenabstand von 4–6 Stunden einhalten.
- Viel Gemüse, Salate und Rohkost essen, am besten zu jeder Mahlzeit.
- Obst ist reich an Fruchtzucker (= Zucker) und spielt daher eine untergeordnete Rolle im Almased-Diätplan. Allerdings enthält es viele Vitamine und sekundäre Pflanzenstoffe und schmeckt außerdem lecker: 1 Stück Obst pro Tag – also z. B. 1 Apfel oder 1 Birne – ab der Reduktionsphase sollte also schon drin sein.
- Viel trinken: 2,5–3 Liter energiefreie Getränke wären empfehlenswert, zum größten Teil ein mineralstoffreiches Mineralwasser.
- Gewürze nutzen, um den Stoffwechsel zusätzlich anzuregen, z. B. Chili, Ingwer, Meerrettich, Zimt, Kurkuma und Kräuter (siehe S. 27).
- Den Säure-Basen-Haushalt unterstützen, um die Abbauprodukte der Fettverbrennung optimal ausscheiden zu können (siehe dazu Kasten auf S. 27).

Flexibilität und Freiheit sind mir sehr wichtig! Habe ich gerade eine stressige Zeit im Büro oder läuft es ruhiger? Bin ich viel mit meinem Freund unterwegs, jagt in der Clique gerade eine Einladung die nächste? Mit Almased bin ich ungebunden, denn bei der Anzahl an Shakes und Mahlzeiten pro Tag ist eine Menge Spielraum eingeplant. Konnte ich mich auf der letzten Party mal wieder nicht vom Buffet loseisen, lege ich einfach anschließend zwei Tage aus der Startphase ein, trinke also 3 Shakes. Da sind Ausrutscher gleich wieder ausgeglichen. Und wenn ich keine Lust zum Kochen habe, gönne ich mir ein mageres Steak im Restaurant oder der Kantine oder knackiges Wokgemüse vom Asia-Imbiss.

4. Lebensphase – so möchte ich bleiben

Herzlichen Glückwunsch! Wenn Sie in dieser Phase angekommen sind, fühlen Sie sich wohl mit Ihrem Gewicht und möchten es nun in Zukunft beibehalten. Die Diät-Zeit ist vorbei. Im Auto-Navigationssystem würde es jetzt heißen: „Sie haben Ihr Ziel erreicht!" Darauf können Sie wirklich stolz sein. Sie fühlen sich nicht nur leichter, sondern auch vitaler und kraftvoller. Sie schauen wieder gern in den Spiegel und können die Kleidung tragen, in der Sie sich gefallen. Versuchen Sie auch in Zukunft, das neu erlernte Ernährungsverhalten möglichst konsequent beizubehalten.

Jetzt bereiten Sie alle 3 Mahlzeiten nach den hier beschriebenen Ernährungsempfehlungen zu. Wählen Sie aus den Rezepten aus oder kreieren Sie eigene Gerichte, die den Anforderungen entsprechen. Einen beispielhaften Tagesplan finden Sie in der vorderen Umschlagkappe. Auf Zwischenmahlzeiten sollten Sie weiterhin verzichten. Damit Ihr Stoffwechsel aktiv bleibt, nehmen Sie 30 g Almased pro Tag ein. Sie können das Pulver einfach in Ihr Frühstücksmüsli geben oder es als zusätzlichen Frühstücksdrink anrühren, ganz wie Sie es lieber mögen.

Abnehmen nach Maß

Die Almased-Diät ist für jeden geeignet, egal ob Sie 2–3 oder 20–30 Kilo abnehmen möchten. Je mehr überflüssige Pfunde Sie verlieren wollen, desto länger bleiben Sie dabei. Planen Sie ausreichend Zeit ein, um relativ langsam abzunehmen. Denn der Körper hängt an seinen Energiereserven und gibt sie nur ungern her. Je langsamer und schonender Sie sich von Ihrem Ballast befreien, desto erfolgreicher werden Sie langfristig sein. Daher wird die Startphase, in der Sie täglich 3 Almased-Shakes als Mahlzeitenersatz zu sich nehmen, auch nur 3 bis maximal 7 Tage durchgeführt. In der Reduktionsphase, mit 2 Almased-Shakes und 1 zubereiteten Mahlzeit, findet dann die hauptsächliche Gewichtsreduktion statt. Diese Phase kann von wenigen Wochen, wenn Sie nur einige Kilos zu viel auf den Rippen haben, bis zu 3 Monaten dauern, wenn Sie massiv abnehmen möchten. Wichtig ist, anschließend auch ausreichend lange mit der Stabilitätsphase weiterzumachen; in dieser Zeit werden Sie weiterhin Gewicht verlieren, wenn noch Pölsterchen vorhanden sind, aber Sie trainieren auch das neue Essverhalten, denn Sie bereiten sich 2 Mahlzeiten am Tag selbst zu und ersetzen nur noch das Abendessen durch einen Almased-Shake. Die Stabilitätsphase können Sie bis zu 18 Wochen ausdehnen.

Um Ihnen Beispiele für die mögliche Zeiteinteilung der 4 Almased-Diätphasen zu geben, finden Sie in der hinteren Umschlagklappe 3 Programme, mit denen Sie maßgeschneidert abnehmen können:

- Programm 1: Bikini-Notfall-Plan, um in ca. 2 Wochen einige Kilos abzunehmen.
- Programm 2: Der Hochzeitskleid-Plan, wenn 6–8 Kilos Sie von Ihrem Traumkleid trennen und Sie ungefähr 6 Wochen Zeit haben.
- Programm 3: Ein anderer Mensch werden, wenn Sie langfristig 15 oder mehr Kilos zu Leibe rücken wollen.

WISSEN

Sport-Almased-Shake

Ein Almased-Drink ist auch ideal, um sich nach intensivem Sport gut zu regenerieren bzw. sich davor auf das intensive Training vorzubereiten. Mischen Sie dazu 300 ml fettarme Milch mit einer pürierten Banane und 5 Esslöffeln Almased. Wenn Sie eine sehr lange Einheit planen oder hinter sich haben, also mindestens 2 Stunden Kraft-Ausdauer-Training, dann können Sie auch noch 2 EL Schmelzflocken einrühren. Ideal wäre es, die Hälfte des Drinks 1 Stunde vorm Sport zu trinken und die andere Hälfte innerhalb der 1 Stunde nach dem Training.

Noch Fragen? Hier finden Sie Antworten

Ist Almased auch für Diabetiker geeignet oder für Menschen mit Gicht? Was tun, wenn man den enthaltenen Milchzucker nicht verträgt? Im Folgenden lesen Sie einige wichtige Fragen und Antworten zu dieser Diät-Methode.

Kann man die Phasen mischen? Zum Beispiel 2 Tage Startphase, dann 5 Tage Reduktionsphase, dann wieder 2 Tage Startphase? Bei mir wäre das in meinem turbulenten Familienalltag ideal. Oder bringt man da etwas im Stoffwechsel durcheinander?
Grundsätzlich regulieren Sie in der Startphase die hormonellen Mechanismen im Körper. Sie programmieren den Stoffwechsel auf Fettabbau. Wenn also die Gewichtsabnahme ins Stocken geraten ist oder Sie in alte Ernährungsgewohnheiten zurückgefallen sind und wieder zugelegt haben, kann eine erneute Startphase von 1–3 Tagen sinnvoll sein. Damit starten Sie wieder den Stoffwechselturbo und zünden die Fettverbrennung.

Was hat es mit den Brühen auf sich? Ich lasse sie weg, trinke aber wirklich viel. Ist das schlimm?
Nein, das ist nicht schlimm. Die Brühe dient natürlich auch der Flüssigkeitszufuhr, aber auch der geschmacklichen Variation im Laufe des Tages. Der Appetit auf etwas Herzhaftes wird dadurch ein wenig gestillt und man kann etwas „Warmes“ zu sich nehmen. Mit einer selbst zubereiteten Gemüsebrühe versorgt man den Körper außerdem mit basischen Mineralien und wertvollen Pflanzenstoffen.

Kann ich eine fertige Gemüsebrühe kaufen, wenn ich keine selbst kochen möchte?
Nein, lieber nicht. Die Gemüsebrühe soll wichtige Pflanzenstoffe liefern und den Basenhaushalt stärken. Das können Fertigbrühen nicht leisten. Außerdem enthalten diese viel Kochsalz.

Bei mir besteht eine Milchzuckerunverträglichkeit. In der Zutatenliste habe ich gesehen, dass Almased Magermilchpulver beinhaltet, also auch Laktose (Milchzucker). Können Sie mir sagen, wie viel Milchzucker in Almased enthalten ist, denn eine geringe Menge vertrage ich?
In einer Portion Almased (50 g) sind ungefähr 5 g Laktose (Milchzucker) enthalten. Es hängt ganz von Ihrer individuellen Situation ab, ob Sie diese Menge vertragen oder nicht. Am besten probieren Sie es vorsichtig aus, indem Sie zunächst nur eine kleinere Menge Almased anrühren und trinken. Sollte die erforderliche Almased-Portion zu viel Milchzucker für Sie enthalten, nehmen Sie einfach vor jeder Almased-Mahlzeit ein Lactase-Präparat ein. Das ist das Enzym, das Ihrem Körper fehlt, um Milchzucker ganz normal zu verdauen. Das rate ich auch allen meinen Klienten, die mit Almased abnehmen möchten, aber die enthaltene Laktose nicht vertragen.

Muss ich Almased, wenn es geöffnet ist, im Kühlschrank aufbewahren?
Nein. Sie können es bei Zimmertemperatur aufbewahren. Nur wenn Sie sich in einem sehr heißen und feuchten Klima aufhalten, sollte das Almased-Pulver im Kühlschrank gelagert werden.

Ich habe gelesen, dass Sojaprodukte purinreich sind. Ich soll mich aber purinarm ernähren, weil ich Gicht habe. Dann ist die Almased-Diät für mich nicht geeignet, oder?
Doch! Denn im Almased-Pulver ist das Sojaeiweiß zu wertvollem Sojaisolat angereichert, das für eine purinarme Ernährung geeignet ist. Gichtpatienten profitieren sogar in vielfacher Hinsicht von Almased. Es enthält gut verträgliches pflanzliches Eiweiß, das die Harnsäure-Ausscheidung noch erhöht. Tierisches Eiweiß in Form von Fleisch sollte von

Gichtpatienten dagegen nur selten und in sehr kleinen Mengen verzehrt werden. Übergewichtigen Gichtpatienten hilft Almased beim Abnehmen. Doch Vorsicht! Sie dürfen auf keinen Fall zu schnell viel Gewicht verlieren, weil das in der Tat einen Gichtanfall auslösen könnte. Lassen Sie sich am besten von einer fachkundigen Ernährungsberaterin unterstützen, wie Ihre Almased-Diät aussehen muss, um ganz behutsam abzunehmen.

Wie lange kann ich einen angerührten Shake aufbewahren?

Wenn Sie den Shake mit Tee oder Wasser anrühren, dann können Sie ihn durchaus 2–3 Stunden aufbewahren. Am besten kühl stellen. Vor dem Genuss noch einmal kräftig schütteln bzw. umrühren.

Ich habe Diabetes, kann ich die Almased-Diät machen?

Bevor Sie beginnen, fragen Sie bitte Ihren Arzt. Je mehr Bauchfett man hat, desto höher ist das Risiko, an Diabetes zu erkranken. Damit ist klar, dass besonders Diabetiker einen gesundheitlichen Nutzen vom Fettabbau haben. Wenn ärztlicherseits keine Bedenken gegen eine Diät bestehen oder im Gegenteil Ihr Arzt Ihnen zu einer Diät geraten hat, haben Sie mit der Almased-Diät eine hervorragende Wahl getroffen. Die Almased-Diät wird zu einem sehr effektiven Fettabbau führen. Gleichzeitig wird Ihre Muskelmasse erhalten bleiben. Die Muskeln sind der Ort, an dem der Blutzucker verbrannt wird. Folglich gilt: Je mehr Muskelmasse und je weniger Fett Sie haben, desto höher ist die Chance, dass sich Ihr Blutzuckerspiegel normalisiert.

Kann ich auch im Alter noch die Almased-Diät durchführen?

Ja unbedingt, denn besonders im Alter sind eine angemessene Figur und das Konsumieren von leicht bekömmlicher Nahrung wichtig. Ein großes Problem im Alter ist, dass die Muskulatur schwindet und der Körper mehr Fett einlagert. Unsere neuesten wissenschaftlichen Untersuchungen haben ergeben, dass sich eine Diät mit Almased hervorragend auf den Erhalt der Muskulatur auswirkt und gleichzeitig etwa 50 % mehr Fett abgebaut wird als bei herkömmlicher Diät. Damit steigt automatisch der Drang nach mehr Bewegung. Dies ist ebenfalls von Vorteil, denn sportliche Aktivitäten gemäß Ihren Fähigkeiten auszuüben, trägt mit zum Erhalt der Muskulatur und der Vitalität bei. Falls Erkrankungen bestehen, sollten Sie vorher Ihren Arzt fragen wie vor jeder anderen Diät auch.

Darf ich während der Almased-Startphase weiterhin Kaffee trinken?

Ja, 3–4 Tassen Kaffee pro Tag können Sie gern weiterhin genießen, wenn Sie möchten. Aber natürlich ohne Zucker und mit nur wenig fettarmer Milch. Günstig wäre es, zu jeder Tasse Kaffee 1 Glas mineralstoffreiches Mineralwasser zu trinken. Der Körper braucht ausreichend Flüssigkeit, damit der Stoffwechsel optimal ablaufen kann.

Ich hatte die letzten beiden Nächte Wadenkrämpfe – kann das an Magnesiummangel während der Almased-Diät liegen?

Ein deutliches „Ja". Magnesiummangel ist relativ weit verbreitet. Wenn man nicht darauf achtet, genügend Gemüse zu essen und mineralreiches Wasser zu trinken, kann man einen leichten, noch unbemerkten Magnesiummangel verstärken. Ein gutes Mineralwasser enthält mindestens 100 mg Magnesium pro Liter. Der tägliche Magnesiumbedarf liegt für Frauen bei 300 mg und bei Männern bei 350 mg/Tag.

Darf man die Almased-Diät auch bei Bluthochdruck durchführen?

Fragen Sie zuerst Ihren Arzt. Oft ist hoher Blutdruck durch zu hohes Gewicht bedingt. Diese Diät führt zu Gewichtsverlust und ist eine hervorragende Methode zum Fettabbau. Durch die Gewichtsabnahme sinkt in den meisten Fällen auch der zu hohe Blutdruck.

Wer wird am meisten von der Almased-Diät profitieren?

Jeder, dem vom Arzt eine Diät empfohlen wird, oder jeder Gesunde, der Gewicht verlieren möchte.

Am Ball bleiben – so behalten Sie dauerhaft Ihr Wunschgewicht

Obwohl die Almased-Diät wirklich genial ist, sollte man die Bewegung keinesfalls außer Acht lassen. Auch ständiger Stress kann uns dick und krank machen. Planen Sie feste Zeiten zur Entspannung ein! Entschleunigung ist nicht ohne Grund ein wichtiges Schlagwort; das gilt auch beim Essen: langsam und bewusst essen und genießen.

1000 Gründe, sich zu bewegen

Raus aus der muffigen Bude und ab in den Wald oder den nächsten Park; gehen Sie zügig spazieren, machen Nordic Walking, joggen oder radeln Sie eine Runde, ganz wie es Ihnen – und Ihren Knien! – gefällt. Das Wichtigste ist, dass Sie sich regelmäßig und ausdauernd an der frischen Luft bewegen. Die Bewegung tut nicht nur Ihrem Körper gut, stärkt die Muskeln und verbraucht Kalorien, sondern baut auch Stress ab und lässt den Ärger des Tages verfliegen. Sie stärkt das Immunsystem und unsere Knochen – wichtig als Osteoporose-Schutz. Regelmäßige Bewegung senkt den Blutdruck, hebt die Stimmung (wirkt antidepressiv!), aktiviert den Zucker- und Fettstoffwechsel … Diese Liste lässt sich beliebig erweitern. Und das Beste ist: Bewegung macht Spaß! Wenn Sie jetzt denken, „mir nicht!", dann wird es vermutlich einige Tage dauern, in denen der Spaßfaktor sich tatsächlich noch in Grenzen hält. Doch versprochen: Nach kurzer Zeit wird es auch Ihnen Freude machen und Ihr Körper wird regelrecht nach Bewegung verlangen. Denn eigentlich sind Menschen „Bewegungstiere"; durch unsere überwiegend sitzende Tätigkeit haben wir uns das nur erfolgreich abgewöhnt. Wichtig: Bewegen Sie sich nur so viel, dass Sie sich dabei wohlfühlen. Mehr tut Ihrem Körper nicht gut.

Suchen Sie sich Sportarten aus, die zu Ihnen passen und von denen Sie glauben, dass sie Ihnen Spaß machen könnten. Wenn Sie bisher nur wenig Sport betrieben haben, hilft nur ausprobieren. Wenn Sie sehr gesellig sind, finden Sie es vermutlich öde, allein durch den Wald zu walken oder einsame Bahnen im Schwimmbecken zu ziehen, und Sie fühlen sich bei einem Mannschaftsport oder Aktivitäten in der Gruppe viel wohler. Oder Sie sind ein Typ, der sich nach dem Bürostress nur noch nach Ruhe sehnt, dann wäre alleine wandern oder schwimmen vielleicht genau das Richtige.

Sporteln Sie am besten täglich ca. 30 Minuten oder 3–5-mal pro Woche bis zu ca. 60 Minuten. Idealerweise sollten Sie sowohl Ausdauer als auch Kraft trainieren. Geeignete Sportarten sind: Nordic Walking, Joggen, Schwimmen, Radfahren, Tanzen, Krafttraining im Fitness-Studio und auch sämtliche andere Sportarten, die dort angeboten werden, wo frau (und man natürlich auch) mit Gleichgesinnten und mit Musikbegleitung ihrem Hüftgold zu Leibe rücken kann, wie Zumba, Fatburner-Aerobic, Intervall-Workout etc. Auch ruhigere Bewegungsarten, bei denen sich sanftes Muskeltraining mit Entspannung verbindet, wie Pilates und Yoga, sind empfehlenswert.

Bewegen Sie sich auch während des Tages so oft wie möglich: Also in der Mittagspause spazieren gehen, den Aufzug statt die Treppe benutzen, die Getränkekisten selbst hochtragen, statt den Partner zu bitten; zum Einkaufen mit dem Rad fahren etc. Diese Vorschläge kennen Sie ja vermutlich, nun ist es an Ihnen, Sie auch wirklich zu beherzigen.

Auch Entspannungsinseln sollten Sie regelmäßig im Alltag einplanen; entscheiden Sie nach Ihren Vorlieben. Es ist egal, ob Sie progressive Muskelentspannung, autogenes Training, Yoga, Meditation oder etwas anderes praktizieren. Wichtig ist, dass Sie regelmäßig tatsächlich zur Ruhe kommen und aus dem Hamsterrad für eine Weile aussteigen. Es kann auch sehr entspannend sein, zu singen, zu musizieren oder einem Hobby nachzugehen.

Ein bisschen Psychologie

Sie sind hoch motiviert und möchten unbedingt etwas verändern. Sehr gut! Damit das möglichst während der gesamten Almased-Diät-Zeit so bleibt, könnte es Ihnen helfen, sich sämtliche guten Gründe, die für Ihr Abnehmen sprechen, klar zu machen und auch aufzuschreiben.

- Gibt es gesundheitliche Aspekte? Vielleicht ist der Blutdruck aufgrund des bestehenden Übergewichts zu hoch? Liegen die Blutfettwerte im oberen Bereich oder womöglich schon im roten Bereich? Möglicherweise sind auch andere Laborparameter gewichtsbedingt in die Höhe geklettert. Das sagt Ihnen Ihr Arzt.
- Vielleicht hat Ihr Arzt auch schon gesagt, dass die Blutzuckerwerte bedenklich hoch sind und vor einem beginnenden Diabetes mellitus Typ 2 gewarnt.
- Oder ein Diabetes mellitus Typ 2 besteht bereits und abnehmen ist dringend angesagt.
- Vielleicht gibt es auch keine medizinischen Gründe, sondern das überflüssige Gewicht nervt einfach. Man will endlich wieder ohne Schnaufen die Treppen hochkommen, sich ohne störenden Bauch die Schuhe zubinden. Man fühlt sich körperlich unwohl.
- Sicherlich spielt auch das Aussehen eine wichtige Rolle. Man will wieder in die alte Kleidergröße passen. Früher hat Einkaufen Spaß gemacht, man hat gern neue Kleider anprobiert und sich vorm Spiegel gedreht. Zurzeit macht das keinen Spaß mehr; es ist eher eine Pflichtübung, vor der es einem graust.

Vielleicht trifft einiges davon auf Sie zu; sicherlich haben Sie persönlich auch noch andere Beweggründe. Nehmen Sie sich Zeit, alle herauszufinden und schreiben diese auf. Malen Sie sich auch aus, wie es sein wird, wenn Sie wieder Ihr Wunschgewicht erreicht haben.

Realistische Ziele setzen

Doch bitte bleiben Sie realistisch. Falls man einen sehr großen Gewichtsverlust anstrebt, könnte es sinnvoller sein, von vornherein etappenweise vorzugehen, das heißt, man strebt gar nicht erst an, in den nächsten 2 Monaten gleich 20 Kilos abzunehmen, sondern setzt sich realistische Zwischenziele. Was in den 4 Almased-Diät-Phasen realistisch und auch körperlich verträglich ist, finden Sie bei der Beschreibung der jeweiligen Phasen.

Bitte setzen Sie sich keine unrealistischen Ziele! Denn nichts demotiviert mehr als Ziele, die man nicht erreicht hat. Und das ist genau das Gegenteil von dem, was man braucht. Denken Sie daran, dass Sie während der gesamten Diät Motivation benötigen. Also, die Devise lautet: Sich kleine und realistische Ziele zu setzen, die Ihnen im Diätverlauf immer wieder einen Motivationsschub versetzen; machen Sie das für alle 4 Phasen.

wichtig

Schauen Sie während der Diät immer mal wieder auf Ihre Motivationsliste und Ihre Ziele. Liegen Sie noch im Plan? Welche Ziele haben Sie schon erreicht? Läuft alles prima? Wunderbar! Weiter so.

Stellt man aber fest, dass man hinter den Zielen zurückbleibt und die Motivation auch im Keller ist, dann ist es höchste Zeit zu handeln, bevor man mit einem „Es-ist-ja-ohnehin-alles-egal-Gefühl" die nächste Konditorei ansteuert. Was jetzt hilft, ist Motivation und Zuspruch. Welche kleineren Ziele haben Sie erreicht? Können Sie diese anerkennen? Lag die Latte zu hoch? Ist es möglich, in Zukunft realistischere Ziele anzustreben? Was könnte Sie unterstützen?

Die eigenen Bedürfnisse erkennen

Man sollte auch immer überprüfen, ob man in alte Verhaltensmuster zurückfällt, und sich selbst aufmerksam beobachten:

- Wollen Sie gerade etwas essen, weil Sie tatsächlich Hunger haben?
- Oder sind Sie womöglich durstig? Durst wird nämlich oft mit Hunger verwechselt.
- Möglicherweise haben Sie keinen echten Hunger, sondern eigentlich nur Appetit, weil es gerade so gut nach frisch gebackenen Brötchen duftet?
- Vielleicht steigen Ihnen andere verführerische Düfte in die Nase?
- Oder lässt Ihnen die Kochsendung im Fernseher das Wasser im Munde zusammenlaufen?
- Wollen Sie essen, weil gerade Pause ist und alle anderen auch essen?
- Oder nagt die Langeweile an Ihnen?
- Fühlen Sie sich traurig, frustriert oder sind ärgerlich?
- Haben Sie gerade etwas gut gemacht und wollen sich mit dem Essen belohnen?
- Fühlen Sie sich einsam?

wichtig

Wenn Sie Ihre Auslöser erkennen, die Sie bisher automatisch zum Essen greifen ließen, obwohl Sie nicht hungrig sind, haben Sie jetzt die Chance, stattdessen Ihre wahren Bedürfnisse zu erkennen und zu befriedigen.

Arbeiten Sie mit allen Tricks!

Manchmal muss man auch Tricks anwenden, um Schweinehunden oder anderen Widrigkeiten Paroli zu bieten. Die Ernährung umzukrempeln und regelmäßig Sport zu treiben, ist herausfordernd genug, machen Sie sich das Leben also nicht unnötig schwer:

- Was Sie nicht im Hause haben, können Sie auch nicht essen. Also sorgen Sie dafür, dass immer genügend Gemüse, auch Tiefkühlgemüse, und Salat vorhanden sind.
- Kaufen Sie keine Süßigkeiten und Knabbereien ein! Im Supermarkt müssen Sie nur einen kurzen Moment stark sein, während Sie erhobenen Hauptes am Regal vorbeischreiten; zu Hause versucht die Pralinenschachtel den ganzen Tag lang, Sie zu verführen.
- Bitte nicht hungern! Damit fahren Sie Ihren Stoffwechsel wie ein Igel im Winterschlaf in den Keller. Lassen Sie auf keinen Fall Mahlzeiten aus und reduzieren Sie nicht die vorgesehenen Eiweiß- oder Ölanteile einer Mahlzeit.
- Ihr Sattmacher heißt Eiweiß: also eiweißhaltige Lebensmittel wie Tofu, Sojaprodukte, Pilze, Seefisch, mageres Fleisch, Hülsenfrüchte, erfrischende Milchprodukte und natürlich der Almased-Shake.
- Wiegen Sie sich nur einmal in der Woche. Da der Körper zu mindestens 60 % aus Wasser besteht, wür-

Leider stockt es auch mal beim Abnehmen. Wie ich mich motiviere, wenn es mal so richtig „wehtut" oder sich der Zeiger auf der Waage gar nicht mehr bewegen will? Also, ich ziehe die Jeans von hinten aus dem Kleiderschrank, die mich zu Almased gebracht hat. Nein, nicht die, bei der schon seit einem Jahr der Reißverschluss nicht mehr zugeht, sondern die, die mir nach 3 Wochen mit der Almased-Diät schon ziemlich am Bauch und am Po schlackert.

Anziehen, fühlen, wie locker der Stoff am Körper sitzt, die Hände genüsslich an die Stellen schieben, wo es sich kürzlich noch Speckröllchen gemütlich gemacht haben – und sich einfach freuen, und sich dafür loben, wie weit man es schon geschafft hat. Für mich die beste Motivation zum Weitermachen.

den Sie beim täglichen Wiegen die Wasserverluste oder Wassereinlagerungen registrieren. Diesen unnötigen Frust ersparen Sie sich lieber.

- Apropos Frust. Auch kein guter Grund mehr zum Essen. Wenn man einen Stimmungsblues hat, dann ist eine Unternehmung, an der man Spaß hat, die beste Ablenkung. Vielleicht raus an die frische Luft, ins Kino oder mit Freunden treffen.
- Stress vermeiden, wo es nur geht. Bei zu viel Ärger, Stress und Hektik steigt der Cortisolspiegel im Blut. Das ist ein Gegenspieler fürs Gewichtsmanagement. Also – lieber mal eine kleine Pause einlegen und für ein wenig Entspannung sorgen. Entspannung ist ohnehin ein wichtiges Thema; gönnen Sie sich möglichst oft eine kleine „Auszeit".
- Und, wenn Sie gerade eine Heißhungerattacke quält: Zähne putzen. Mit dem Zahnpasta-Geschmack im Mund schmecken weder Schokolade noch Chips.

Einkaufs- und Zubereitungstipps

Obwohl Fett bekanntlich ein Geschmacksträger und -verstärker ist, wird bei der Almased-Diät Fett nur in geringen Mengen eingesetzt, ohne dass die Gerichte deshalb langweilig schmecken würden. Davon können Sie sich leicht überzeugen. Wenn Sie sich an die Rezepte halten, nehmen Sie maximal ca. 60 g Nahrungsfett pro Tag auf.

Das sollten Sie auch nach der Almased-Diät so beibehalten; bei sichtbaren Fetten, wie Speiseöle, Margarine und Butter, ist es leicht, bewusst zu dosieren. Schwieriger wird es mit den sogenannten versteckten Fetten, die sich in Fleisch, Geflügel(haut), Wurstwaren, Fisch und Meeresfrüchten, Käse, Milch und Milchprodukten, Torten, Kuchen, Süßigkeiten, Fertiggerichten und Saucen befinden. Ich empfehle Ihnen, auf Fertigprodukte möglichst zu verzichten, denn darin steckt meist nicht nur zu viel Fett (auch die ungesunden Transfettsäuren), sondern auch jede Menge Zucker und Geschmacksverstärker. Bei Käse, Wurst, Quark etc. sollten Sie immer die fettarme Variante wählen. Dabei haben Sie auch automatisch die Eiweißzufuhr erhöht. Sie schlagen also gleich 2 Fliegen mit einer Klappe.

Fettarm zubereiten und essen

Achten Sie bei fetthaltigen Zutaten bitte auf folgende Empfehlungen:

- Käsesorten mit einem Fettgehalt von bis zu 40 % i. Tr. oder bis ca. 25 % absolut verwenden (also alle Sorten zwischen Mager- und Vollfettstufe).
- Magerquark bevorzugen.
- Milch und Milchprodukte mit einem Fettgehalt von 1,5–1,8 % einsetzen.
- Bei Wurst gelten Sorten mit einem Fettgehalt von 3–12 g pro 100 g als fettarm. Schinken, Putenschinken, Corned beef fallen z. B. in diese Kategorie.
- Bei Fleisch fettarme Sorten wie Hähnchen und Pute ohne Haut, Kalbfleisch, Rindfleisch, Rinderhackfleisch oder Tatar, Schweinefleisch z. B. Filet oder Schnitzelfleisch, Lamm und Wild verwenden. Je grober die Struktur des Fleisches ist, umso fettärmer ist es. Für den Geschmack können Sie eventuelles Fett für den Garvorgang am Fleisch belassen, nur für den Verzehr sollten Sie es entfernen.

wichtig

Ratsam sind maximal 2–3 fleischhaltige Mahlzeiten pro Woche und 2 Fischmahlzeiten. Insbesondere die fetten Kaltwasser-Seefische sind sehr reich an Omega-3-Fettsäuren und damit besonders empfehlenswert.

Die richtigen Fette und Öle

Aufgrund ihrer Fettsäurezusammensetzung sind Rapsöl, Leinöl, Walnussöl und Sojaöl perfekt geeignet, da sie einen hohen Anteil an Omega-3-Fettsäure aufweisen. Wählen Sie aus folgenden Ölen aus:

- Walnussöl wird in der Regel kalt gepresst angeboten und hat einen nussigen Geschmack.
- Rapsöl ist, sofern nicht kalt gepresst, geschmacksneutral und eignet sich sehr gut zum Braten, Dünsten, Kochen und Backen. In der kalt ge-

pressten Variante hat es einen sehr eigenen Geschmack.

- Olivenöl enthält sehr wenig Omega-3-Fettsäuren, ist aber dennoch aufgrund seines Fettsäuremusters gut geeignet.
- Da Walnussöl, Leinöl und Olivenöl in der Regel kalt gepresst angeboten werden, sollten diese nicht erhitzt, sondern nur für die kalte Zubereitung verwendet werden, um die wertvollen Inhaltsstoffe zu erhalten.
- Bitte Streichfette wie Margarine oder Butter nur sparsam einsetzen.

Der Extra-Kick für den Stoffwechsel

Almased regt bereits den Stoffwechsel an. Doch Sie können die Fettverbrennung noch zusätzlich mit Gewürzen und Kräutern anheizen. Die in den Rezepten verwendeten Würzzutaten verleihen den Gerichten nicht nur einen besonderen Geschmack und Duft, sondern können noch viel mehr für unser Wohlbefinden tun:

- Chili und frisch gemahlener schwarzer Pfeffer entfachen Ihr Stoffwechselfeuer. Sie regen den Kreislauf an und fördern die Durchblutung der Schleimhäute. Außerdem schützt Piperin im Pfeffer die Blutgefäße und hält sie elastisch. Das Capsaicin im Chili hält das Blut flüssig und kräftigt das Immunsystem.
- Ingwer kurbelt ebenfalls den Stoffwechsel an und kann gegen Blähungen helfen. Ingwer lässt sich perfekt mit Knoblauch kombinieren. Das erhöht nicht nur die Wirkprinzipien der Beiden, sondern führt auch zu einer besseren Verträglichkeit des Knoblauchs. Ingwer kann sowohl für süße als auch für pikante (herzhafte) Speisen verwendet werden.
- Meerrettich, Senf, Knoblauch und Zwiebeln enthalten schwefelhaltige Inhaltsstoffe, die gegen unerwünschte Keime vorgehen und das Immunsystem kräftigen.
- Kurkuma und Zimt geben den Speisen nicht nur einen unverwechselbaren Geschmack, sondern beschleunigen den Stoffwechsel und tragen damit zu einer vermehrten Fettverbrennung bei; sie schützen die Gelenke und kräftigen das Immunsystem.
- Kräuter wie Schnittlauch, Petersilie, Salbei, Rosmarin und Basilikum können Sie gern reichlich einsetzen. Am liebsten frisch, aber tiefgekühlt oder getrocknet (im Winter) wäre immer noch besser, als sie gar nicht zu verwenden. Viele frische Kräuter kann man im Sommer problemlos im Topf auf dem Balkon vorrätig halten. Falls Sie einen Garten haben, nutzen Sie die Möglichkeit, hier einige Kräuter zu pflanzen. Die meisten sind mehrjährig und sehr anspruchslos. Auch sie kurbeln den Stoffwechsel an. Außerdem verleihen sie den Gerichten einen feinen und jeweils charakteristischen Geschmack und Duft.
- Ein weiterer Pluspunkt: Sie brauchen kaum noch Salz.

WISSEN

Den Säure-Basen-Haushalt unterstützen

Der Körper hat mehrere ausgeklügelte Puffersysteme, um den Säure-Basen-Haushalt stets auszugleichen. Unter anderem spielen die Nieren eine wesentliche Rolle dabei. Läuft die Fettverbrennung nun wie gewünscht auf Hochtouren, fallen als Abbauprodukt u. a. die sogenannten Ketosäuren an. Diese werden normalerweise mithilfe der Nieren über den Urin ausgeschieden. Sie können Ihren Körper bei dieser Arbeit optimal unterstützen, indem Sie viel trinken.

Es ist Ihnen sicherlich schon aufgefallen, dass hier immer empfohlen wird, ein mineralstoffreiches Mineralwasser zu trinken. Die enthaltenen Mineralstoffe und das Hydrogencarbonat können den Körper und sein Puffersystem bestens unterstützen. Auch die Ernährung sollte basenreich sein und viele basenbildende Lebensmittel enthalten wie Gemüse, Salate, Pilze, Kräuter, Kartoffeln, Molke und Obst; wobei bei Obst fruchtzuckerarme Sorten wie z. B. Beerenfrüchte bevorzugt werden und sich die Mengen in Grenzen halten, um den Blutzuckerspiegel nicht zu sehr ansteigen zu lassen.

Rezepte für die Almased-Diät

Freuen Sie sich auf leckere, vielfältige Gerichte mit verführerischen Aromen und Düften. Alle Rezepte sind leicht nachzukochen, oft auch gut zum Mitnehmen geeignet und schmecken der ganzen Familie.

Für jede Phase passende Rezeptideen

Während Sie die Rezepte nachkochen bzw. die Speisen zubereiten, verinnerlichen Sie zugleich die Ernährungsprinzipien, die Ihnen dazu verhelfen, abzunehmen und Ihr Wunschgewicht dauerhaft zu bewahren. Dazu können Sie aus einer breiten Rezeptpalette für alle 3 Mahlzeiten am Tag auswählen.

In der Startphase gibt es morgens, mittags und abends einen Almased-Shake und in der Reduktionsphase möglichst morgens und abends. Damit auch in dieser Zeit der Genuss nicht zu kurz kommt, können Sie aus den vielfältigen Shake-Rezepten ab S. 33 auswählen. Auf S. 43 finden Sie ein Rezept für eine Almased-Tomatensuppe als Shake-Ersatz. Wenn Sie zwischen den Almased-Shake-Mahlzeiten Hunger oder Gelüste verspüren, können Sie gern jederzeit eine Tasse Gemüsebrühe einschieben (siehe Rezept S. 43).
In der Reduktionsphase bereiten Sie 1, in der Stabilitätsphase 2 und in der Lebensphase alle 3 Mahlzeiten selbst zu. Ab S. 44 erhalten Sie dazu Frühstücks- und ab S. 53 Mittag- und Abendessenvorschläge. Mit diesen Rezepten fallen Ihnen die Gestaltung eines abwechslungsreichen Speiseplans und die Zubereitung von wohlschmeckenden Gerichten bestimmt leicht.

- Pro Tag sollten in der Reduktionsphase und Stabilitätsphase nicht mehr als 100 g Kohlenhydrate (KH) verzehrt werden. Das entspricht 8,3 BE (Broteinheiten).
- In der Almased-Diät-Phase 4, der Lebensphase, können Sie etwas mehr Kohlenhydrate essen. Um aber Ihren Erfolg zu erhalten, ist es ratsam, eine Menge von ca. 150 g Kohlenhydraten pro Tag nicht zu überschreiten.
- In den Nährwertangaben werden nur die Kohlenhydrate mit KH ausgewiesen, die den Blutzuckerspiegel nachweislich erhöhen und damit einen deutlichen Anstieg des Insulinspiegels zur Folge haben.
- Der Eiweißgehalt einer Mahlzeit sollte immer höher sein als der Kohlenhydratanteil. Das Eiweiß macht lange satt und sorgt dafür, dass Ihre – oft hart erkämpften – Muskeln nicht angeknabbert werden. Das ist sowohl für die Gewichtsreduktion als auch für die -stabilisierung sehr wichtig. Denn die Muskeln verbrennen das überschüssige Körperfett.
- Gerichte, die für Almased-Diät-Verhältnisse viele Kohlenhydrate enthalten, weil es eine Nudel-, Couscous- oder ähnliche Beilage gibt, sollten möglichst nur zum Mittag verzehrt werden. Das erkennen Sie am Zusatz: ideal zum Mittag.
- Alle Rezepte enthalten nur wenig Fett. Zur fettarmen Zubereitung sind Garmethoden wie Dämpfen, Dünsten, Schmoren, Grillen, Garen im Bratschlauch, in der Alufolie oder im Tontopf oder Kochen im Wok gut geeignet. Verwenden Sie möglichst beschichtete Bratpfannen, dann reichen auch sehr geringe Mengen an Bratfett.

wichtig

Nehmen Sie sich Zeit für den Genuss Ihrer Mahlzeit. Essen Sie langsam, kauen gründlich und kosten jeden Bissen genüsslich aus. Nehmen Sie auch achtsam das Sättigungsgefühl wahr, das sich im Laufe der Mahlzeit einstellt.

Verwendete Abkürzungen:

BE	= Broteinheit
BS	= Ballaststoffe
E	= Eiweiß
EL	= Esslöffel
F	= Fett
g	= Gramm
kcal	= Kilokalorien
KH	= blutzuckerwirksame Kohlenhydrate
ml	= Milliliter
Msp.	= Messerspitze
TL	= Teelöffel

Almased-Shakes & Co.

Almased-Shakes & Co.

In der Startphase bestehen alle 3 Mahlzeiten aus einem Almased-Shake oder einer anderen Zubereitung mit Almased. Mit wenigen Handgriffen und Zutaten können Sie vielfältige Shakes kreieren, je nachdem, wonach Ihnen gerade der Sinn steht. Es sind für jeden Geschmack Rezeptideen dabei.

Am besten gelingt der Shake, wenn Sie ihn in einem entsprechenden Shaker mit einem Siebeinsatz herstellen. So gibt es keine Klümpchen. Oder Sie verwenden den Original-Almased-Shaker, der sehr gut schließt. Das ist insbesondere dann wichtig, wenn kohlensäurehaltiges Wasser verwendet wird. Wenn Zutaten püriert werden müssen, nehmen Sie am besten einen Pürierstab und ein hohes Gefäß oder einen Standmixer.

Die Grundrezeptur, und auch effektivste Rezeptur, was den Wirkmechanismus betrifft, ist die folgende:

- 200–300 ml Wasser
- 5–7 gehäufte Esslöffel Almased (50–70 g) – abhängig von Ihrer Körpergröße (siehe S. 14)
- 1 EL Öl (10 g Öl). Das Öl sollte reich an Omega-3-Fettsäuren sein, das trifft z. B. auf Raps-, Walnuss-, Soja- oder Speiseleinöl zu.

wichtig

Bei den Almased-Rezepten werden jeweils 5 Esslöffel Almased (50 g) angegeben. Dies ist die richtige Menge bei einer Körpergröße zwischen 150 und 169 cm. Die Nährwerte beziehen sich auf diese Almased-Menge. Wenn Sie größer sind, nehmen Sie bitte entsprechend mehr Almased (siehe S. 14).

Sie können Ihren Almased-Shake gern aromatisieren, ohne die Kalorienzufuhr dadurch zu erhöhen oder das Wirkprinzip negativ zu beeinflussen:

- ½ TL Zimt
- ½ TL dunkles Kakaopulver (ohne Zuckerzusatz)
- ¼ TL Bourbon-Vanillepulver
- ¼ TL Ingwerpulver
- einige Tropfen Backaroma wie z. B. Bittermandelaroma – dann schmeckt der Shake nach Marzipan
- einige Tropfen Orangen- oder Zitronenöl aus dem Bioladen
- 1 Tasse Espresso, dafür dann aber ca. 50 ml weniger Wasser für den Shake verwenden

Eine einfache Variante, dem Shake Geschmack zu verleihen, ist auch, statt Wasser Tee zu verwenden. Einige Ideen dazu finden Sie schon in den Rezepten. Bitte lassen Sie den Tee unbedingt abkühlen, bevor Sie das Almased-Pulver zugeben. Und zwar auf unter 40 °C! Der Tee sollte also nur noch lauwarm sein, sonst denaturiert das Eiweiß aus dem Almased und ist nicht mehr so hochwertig.

Wenn es morgens schnell gehen muss, mische ich nur etwas Vanillepulver oder Zimt in meinen Shake. Aber abends probiere ich gerne immer mal etwas anderes aus, je nachdem, ob ich Lust auf etwas Pikantes, etwas Fruchtiges oder Süßes habe. So bleibt die Almased-Diät selbst nach einigen Wochen noch abwechslungsreich – und ich freue mich richtig auf meine „Feierabend-Drinks".

Gurken-Avocado-Lassi

Bekommt durch die Avocado einen zarten Schmelz auf der Zunge.

▶ Für 1 Person

10 Min.

70 g Gurke · 70 g Avocado · 50 ml kohlensäurehaltiges Mineralwasser · 1 TL Rapsöl · 70 g Joghurt (1,5 %) · 1 TL Kräutermischung · 1 TL Zitronensaft · 50 g Almased

- Gurke und Avocado waschen, schälen, klein schneiden und pürieren.
- Alle anderen Zutaten zugeben und unterrühren.
- Zum Schluss das Almased einrühren.

▶ Nährwerte pro Portion

350 kcal | 31 g E | 15 g F | 20 g KH | 1,7 BE | 4 g BS

Mango-Joghurt-Shake

Am besten gleich genießen, sonst wird der Shake bitter.

▶ Für 1 Person

5 Min.

50 g Mango · 1 TL Zitronensaft · 100 g Joghurt (1,5 % Fett) · 100 ml Sojamilch · 1 EL Rapsöl · 50 g Almased

- Die Mango waschen, schälen und klein schneiden.
- In einem hohen Gefäß pürieren.
- Alle weiteren Zutaten zugeben und alles gut miteinander verrühren.

▶ Nährwerte pro Portion

365 kcal | 34 g E | 12 g F | 28 g KH | 2,4 BE | 2 g BS

Joghurt-Erdbeer-Shake

Holen Sie sich den Sommer ins Glas.

▶ Für 1 Person

5 Min.

50 g Erdbeeren (frisch) · 1 TL Zitronensaft · 150 g Joghurt (1,5 % Fett) · 50 g Sojamilch · 1 EL Rapsöl · 50 g Almased

- Die Erdbeeren waschen, putzen und mit dem Zitronensaft in einem hohen Gefäß pürieren.
- Die restlichen Zutaten zugeben und alles gut miteinander verrühren.

▶ Nährwerte pro Portion

355 kcal | 34 g E | 11,7 g F | 26 g KH | 2,2 BE | 2 g BS

Almased-Shake, Asia-Style

Ein wenig Curry und Kokosmilch – schon schmeckt's asiatisch.

▶ Für 1 Person

5 Min.

150 ml Karottensaft · 80 ml Kokosmilch · 1 EL Rapsöl · 1 TL frischer Ingwer, fein gerieben · 1 TL Koriander, fein gehackt · ½ TL Curry · 50 g Almased

- Karottensaft, Kokosmilch, Curry und Öl miteinander verrühren.
- Ingwer und Koriander unterrühren.
- Almased kräftig unterrühren.

▶ Nährwerte pro Portion

315 kcal | 28 g E | 11,6 g F | 24 g KH | 2 BE | 1 g BS

Pink Lady

Ein zart-fruchtiger Himbeer-Traum.

▶ Für 1 Person

5 Min.

175 ml Kefir · 25 ml Mineralwasser (1 Schuss) · 1 EL Walnussöl · 50 g Himbeeren · 50 g Almased

- Kefir, Mineralwasser und Öl in einem hohen Gefäß verrühren.
- Drei Himbeeren beiseitelegen, die restlichen Himbeeren pürieren und zugeben.
- Almased gut unterrühren.
- Den Shake in ein Glas geben.
- Die 3 Himbeeren auf einen Spieß schieben und den Shake damit garnieren.

▶ Nährwerte pro Portion

350 kcal | 33,3 g E | 11,3 g F | 24 g KH | 2 BE | 2,5 g BS

Papaya-Maracuja-Shake

Wenn Ihnen der Sinn nach exotischem Fruchtgenuss steht.

▶ Für 1 Person

5 Min.

50 g Papaya · 1 EL Maracuja · 80 g Seidentofu · 120 ml Sojamilch · 1 EL Rapsöl · 50 g Almased · 1 Prise Bourbon-Vanillepulver · 2 Blätter frische Zitronenminze

- Papaya waschen, schälen und klein schneiden.
- Mit der Maracuja in einem hohen Gefäß pürieren.
- Alle weiteren Zutaten zugeben und alles gut miteinander verrühren.
- Mit der Zitronenminze garnieren.

▶ Nährwerte pro Portion

365 kcal | 36 g E | 13,7 g F | 24 g KH | 2 BE | 2,5 g BS

Das blaue Almased-Wunder

Gönnen Sie sich die blauen Wunderbeeren, so oft es geht.

▶ Für 1 Person

5 Min.

50 g Heidelbeeren · 100 ml Buttermilch · 100 ml Kefir · 1 EL Rapsöl · 1 Prise Bourbon-Vanillepulver · 50 g Almased

- Die Heidelbeeren waschen und trocken tupfen. In ein hohes Gefäß geben und pürieren.
- Die restlichen Zutaten zugeben und alles gut miteinander verrühren.

▶ Nährwerte pro Portion

355 kcal | 34 g E | 11,7 g F | 26 g KH | 2,2 BE | 2 g BS

Mandel-Vanille-Shake

Mit feinem Vanille-Marzipan-Geschmack.

▶ Für 1 Person

5 Min.

150 ml Milch (1,5 % Fett) · 50 ml Wasser · 1 EL Walnussöl · 5 Mandeln · 1 Prise Bourbon-Vanille · einige Tropfen Bittermandelaroma (Backaroma) · 50 g Almased

- Milch, Wasser und Öl verrühren.
- Die Mandeln mahlen und zusammen mit dem Bittermandelaroma und der Bourbon-Vanille zugeben.
- Almased kräftig unterrühren.

▶ Nährwerte pro Portion

370 kcal | 33 g E | 16,1 g F | 22,7 g KH | 1,9 BE | 1 g BS

Almased-Chai-Latte

Die indische Art, Almased zu genießen.

▶ Für 1 Person

3 Min. plus Zieh- und Abkühlzeit

180 ml Wasser · 2 Teebeutel indischer Chai · 50 ml Milch (1,5 % Fett) · 1 EL Rapsöl · 50 g Almased · je 1 Prise Kurkuma, Kreuzkümmel und Kardamom · ¼ TL Zimt

- Den Tee zubereiten und ausreichend abkühlen lassen. Er sollte nur noch lauwarm sein.
- Den Tee mit der Milch und dem Öl verrühren.
- Almased zugeben und gut verrühren.
- Mit Zimt, Kurkuma, Kreuzkümmel und Kardamom würzen.

▶ Nährwerte pro Portion

295 kcal | 28,3 g E | 11,8 g F | 17,6 g KH | 1,5 BE | 0 g BS

Arabischer Bazar

Schlechte Laune? – Lassen Sie sich vom Duft des Orients umwehen.

▶ Für 1 Person

3 Min. plus Zieh- und Abkühlzeit

180 ml Wasser · 2 Teebeutel orientalischer Tee · 50 ml Sojadrink · 1 EL Rapsöl · 50 g Almased · 1–2 Tropfen Orangenöl · je 1 Prise Kurkuma, Kreuzkümmel und Bourbon-Vanille · ¼ TL Zimt

- Den lauwarmen Tee mit Sojadrink und dem Öl verrühren.
- Almased zugeben und gut verrühren.
- Mit Zimt, Kurkuma, Kreuzkümmel, Bourbon-Vanille und Orangenaroma würzen und genießen.

▶ Nährwerte pro Portion

280 kcal | 28,4 g E | 11,4 g F | 16,1 g KH | 1,3 BE | 0,5 g BS

Blue Ginger

Brauchen Sie einen Kick? Mit dem Ingwer drücken Sie den Turbo-Knopf.

▶ Für 1 Person

7 Min.

50 g Heidelbeeren · 2 cm frischer Ingwer · 200 ml Sojadrink · 1 EL Walnussöl · 1 Prise Bourbon-Vanillepulver · ¼ TL Zimt · 50 g Almased

- Die Heidelbeeren waschen und trockentupfen.
- Ingwer schälen in Würfel schneiden und mit den Heidelbeeren in einem Blender oder mit dem Pürierstab gut pürieren.
- Den Sojadrink und Öl zugeben und weiterrühren.
- Vanillepulver, Zimt und Almased zugeben und gut unterrühren.

▶ Nährwerte pro Portion

350 kcal | 34 g E | 13,2 g F | 23,2 g KH | 1,2 BE | 5 g BS

Grüntee-Almased-Shake

Grippe im Anflug? Wappnen Sie sich mit antioxidativer Power.

▶ Für 1 Person

3 Min. plus Zieh- und Abkühlzeit

180 ml Wasser · 1 Teebeutel grüner Tee · 1 Beutel Ingwertee · 50 ml Kokosmilch · 1 EL Rapsöl · ½ TL gemahlener Ingwer oder 1 cm frischer Ingwer · 50 g Almased

- Den Tee zubereiten und ausreichend abkühlen lassen. Er sollte nur noch lauwarm sein.
- Den Tee mit der Milch und dem Öl verrühren.
- Almased zugeben und gut verrühren.
- Den Ingwer, frisch gerieben oder als Pulver, unterrühren.

▶ Nährwerte pro Portion

275 kcal | 26,8 g E | 11,2 g F | 15,9 g KH | 1,3 BE | 0 g BS

Tomate-Spinat-Shake

Ihr Antioxidanzien-Drink: Gemüsiger kann ein Almased-Shake nicht sein.

▶ Für 1 Person

⏲ 12 Min.

100 g Gurke · 100 g Spinat · 100 ml Tomatensaft · 50–75 ml Mineralwasser · 1 EL Olivenöl · 1 TL Zitronensaft · 2 Stiele Basilikum · Pfeffer · 50 g Almased

- Gemüse und Basilikum waschen und putzen.
- Vom Basilikum einige Blättchen zum Garnieren beiseitelegen.
- Gemüse und Basilikum mit dem Öl, Pfeffer und Tomatensaft in einem hohen Gefäß pürieren.
- 50–75 ml Mineralwasser zugeben. Die Menge ist abhängig von der gewünschten Konsistenz.
- Zum Schluss Almased kräftig unterrühren.

▶ Nährwerte pro Portion

320 kcal | 31 g E | 11,6 g F | 16 g KH | 1,25 BE | 3 g BS

Gazpacho mit Almased

Olé – schmeckt fast wie die spanische Gemüsesuppe.

▶ Für 1 Person

⏲ 10 Min.

½ kleine Dose Tomaten (80 g) · 100 ml Tomatensaft · ca. 7 cm Gurke · ½ Paprikaschote · 1 kleine Schalotte · 1 TL Zitronensaft · 1 Knoblauchzehe· 1 EL Olivenöl · 50 g Almased · Pfeffer · Salz · 2 Blätter Basilikum

- Das Gemüse waschen und putzen.
- Schalotte und Knoblauch schälen.
- Alle Zutaten in einem hohen Gefäß pürieren, Öl und Gewürze zugeben.
- Zum Schluss Almased kräftig unterrühren.
- Mit dem Basilikum garnieren.

▶ Nährwerte pro Portion

345 kcal | 30,2 g E | 11,8 g F | 16 g KH | 1,3 BE | 5 g BS

Radieschen-Ayran-Shake

Fühlen Sie sich schlapp? Dann versuchen Sie mal die türkische Almased-Variante.

▶ Für 1 Person

⏲ 10 Min.

30 g Radieschen · 20 g Schalotte · 50 g Gurke · 150 ml Ayran · 25 ml Mineralwasser (1 Schuss, wenn nötig) · 1 EL Zitronensaft · 1 EL Rapsöl · 50 g Almased · 1 Msp. Chilipulver

- Radieschen und Gurke waschen, Schalotte schälen, klein schneiden und in einem hohen Gefäß pürieren.
- Ayran, Mineralwasser, Zitronensaft und Öl unterrühren.
- Almased zugeben und gut verrühren.
- Mit Chilipulver würzen.

▶ Nährwerte pro Portion

340 kcal | 32,7 g E | 11,4 g F | 23,7 g KH | 2 BE | 1,2 g BS

Scharfer Heiner

Ist eine Erkältung im Anmarsch oder haben Sie Lust auf Schärfe?

▶ Für 1 Person

⏲ 8 Min.

150 g Gurke · 1 TL gehackte Kräuter · ½–1 TL Meerrettich · 100 g Kefir · 1 EL Rapsöl · 1 Schuss Mineralwasser · 50 g Almased

- Gurke waschen, putzen und mit Öl, Kefir, Meerrettich, Kräutern und Mineralwasser in einem hohen Gefäß pürieren.
- Almased gut unterrühren.

▶ Nährwerte pro Portion

325 kcal | 31 g E | 11,4 g F | 19 g KH | 1,6 BE | 1,5 g BS

Almased-Karotte-Ingwer

Ihr Wachmacher: Mit dem scharfen Ingwer kommen Sie auf Touren.

▶ Für 1 Person

10 Min.

200 ml Karottensaft · 25 ml Mineralwasser (1 Schuss) · 1 EL Rapsöl · ½ TL frischer Ingwer, fein gerieben · 1 TL frische Petersilie, fein gehackt · 50 g Almased

- Karottensaft, Mineralwasser und Öl verrühren.
- Ingwer zugeben.
- Einen ½ TL Petersilie zugeben.
- Das Almased gut unterrühren, in ein Glas füllen und mit der restlichen Petersilie bestreuen.

▶ Nährwerte pro Portion

325 kcal | 28,4 g E | 11,4 g F | 24,8 g KH | 2 BE | 2 g BS

Tomatenshake – bloody Alma

Heizt ein und kurbelt den Stoffwechsel besonders gut an.

▶ Für 1 Person

2 Min.

200 ml Tomatensaft · 25 ml Mineralwasser (1 Schuss) · 1 EL Olivenöl · 50 g Almased

- Pfeffer, Tabasco, Chilipulver (oder 1 TL fein gehackte italienische Kräuter)
- Alle Zutaten gut miteinander verrühren.

▶ Nährwerte pro Portion

305 kcal | 28,5 g E | 11,1 g F | 20 g KH | 1,7 BE | 1 g BS

Zitrone-Minze-Shake

Noch müde? Wirkt erfrischend und aufmunternd.

▶ Für 1 Person

8 Min.

100 ml Buttermilch · 100 g Joghurt (1,5 % Fett) · 1 EL Rapsöl · 1 TL Zitronensaft · 1–3 Tropfen Zitronenöl · ½ TL abgeriebene Zitronenschale · 50 g Almased · 6 Blättchen frische Minze

- Alle Zutaten gut miteinander verrühren.
- Von der Minze 3 Blättchen beiseitelegen, den Rest fein hacken und zusammen mit dem Almased unterrühren.
- In ein Glas füllen und mit den restlichen Blättchen Minze garnieren

▶ Nährwerte pro Portion

345 kcal | 34 g E | 11,7 g F | 24 g KH | 2 BE | 0 g BS

Grün hoch 3

Lust auf ein Salat-Feeling und Kräuter? Dann greifen Sie zu diesem Shake.

▶ Für 1 Person

12 Min.

130 g Gurke · 50 g Avocado · 1 EL Petersilie · 1 TL Schnittlauch · 1 TL Basilikum · 20 g Rucola · 80 ml Mineralwasser · 1 TL Olivenöl · schwarzer Pfeffer · 50 g Almased

- Gurke und Avocado waschen, schälen, klein schneiden und in ein hohes Gefäß geben.
- Die Kräuter und Rucola ebenfalls waschen und zugeben.
- Öl, Pfeffer und Mineralwasser zugeben und alles gut pürieren.
- Zum Schluss Almased kräftig unterrühren.
- Bei Bedarf mit mehr Mineralwasser auffüllen.

▶ Nährwerte pro Portion

320 kcal | 30 g E | 12,7 g F | 15 g KH | 1,25 BE | 4,5 g BS

Orangen-Shake Arancia

Mit frisch gepresstem Orangensaft besonders wertvoll.

▶ Für 1 Person

5 Min.

150 ml Milch (1,5 % Fett) · 50 ml Wasser · 1 EL Walnussöl · ½ TL abgeriebene Orangenschale · 1 EL Orangensaft · einige Tropfen Orangenöl · ¼ TL Zimt · 50 g Almased

- Alle Zutaten miteinander verrühren.
- Das Almased kräftig unterrühren.

▶ Nährwerte pro Portion

345 kcal | 32 g E | 13,4 g F | 24 g KH | 2 BE | 0 g BS

Soja Pur

Mehr Eiweiß geht fast nicht – hält Sie super lange satt und fit.

▶ Für 1 Person

3 Min.

150 ml Sojadrink · 50 g Seidentofu · 1 EL Rapsöl · 50 g Almased · ½ TL Zimt · je 1 Prise Bourbon-Vanillepulver und Ingwerpulver

- Alle Zutaten gut miteinander verrühren.

▶ Nährwerte pro Portion

330 kcal | 34,4 g E | 13,2 g F | 18 g KH | 1,5 BE | 0 g BS

Mango-Basilikum-Shake

Raffiniert: Probieren Sie doch auch mal diese Variante aus.

▶ Für 1 Person

5 Min.

60 g Mango · 100 ml Kokosmilch · 80 ml Wasser · 1 EL Walnussöl · 1 TL Zitronensaft · 2 Stiele Basilikum · 50 g Almased

- Die Mango waschen, schälen und klein schneiden, mit dem Basilikum pürieren.
- Mit allen weiteren Zutaten auffüllen und gut durchrühren.

▶ Nährwerte pro Portion

320 kcal | 27,5 g E | 11,7 g F | 24 g KH | 2 BE | 0 g BS

Almased-Gemüsesaft

Statt Gemüsesaft können Sie auch 200 ml Gemüsebrühe verwenden.

▶ Für 1 Person

4 Min.

50 ml Rote-Bete-Saft · 100 ml Karottensaft · 50 ml Selleriesaft · frisch gemahlener schwarzer Pfeffer · 1 Spritzer Tabasco, wenn es etwas pikanter sein soll · 1 EL Rapsöl · 50 g Almased

- Alle Zutaten gut miteinander verrühren und genießen.

▶ Nährwerte pro Portion

315 kcal | 28 g E | 11,3 g F | 24 g KH | 2 BE | 1 g BS

Almased-Eis

Selbst Eisgenuss ist mit Almased möglich – super für heiße Sommertage.

▸ Für 1 Person

⏲ 10 Min. plus 30 Min. Gefrierzeit

200 g Seidentofu · 50 g Almased · 1 EL Rapsöl · ½ TL Honig · 1 Prise Bourbon-Vanillepulver

für Schokoeis

1 gestr. TL dunkles Kakaopulver

für Vanilleeis

½ TL Bourbon-Vanillepulver

für Zitroneneis

abgeriebene Schale von 1 Zitrone, 1 EL Zitronensaft und einige Tropfen Zitronenöl

- Alle Zutaten gut miteinander verrühren, und für 30 Minuten in die Eismaschine geben.
- Wenn Sie keine Eismaschine haben, stellen Sie die Schüssel für eine gute Stunde in das Gefrierfach und rühren regelmäßig mit dem Schneebesen um.
- In ein Schälchen umfüllen und eiskalt schlemmen.

▸ Nährwerte pro Portion Schokoeis

395 kcal | 40 g E | 16 g F | 22 g KH | 1,8 BE | 0 g BS

▸ Nährwerte pro Portion Vanilleeis

375 kcal | 39 g E | 15 g F | 21 g KH | 1,8 BE | 0 g BS

▸ Nährwerte pro Portion Zitroneneis

380 kcal | 49 g E | 15 g F | 22 g KH | 1,8 BE | 0 g BS

Frühlingsquark

Nehmen Sie sich Zeit, um diesen pikanten Quark genüsslich zu löffeln.

▶ Für 1 Person

10 Min.

150 g Magerquark · 50 ml kohlensäurehaltiges Mineralwasser · frisch gemahlener schwarzer Pfeffer · Salz · Paprikapulver · 100 g Paprikaschote · 3 Radieschen · 1 Frühlingszwiebel · ¼ Bund Schnittlauch · 1 EL Leinöl · 50 g Almased

- Den Quark mit dem Mineralwasser glattrühren und die Gewürze zugeben.
- Das Gemüse waschen und putzen. Paprikaschote und Radieschen in feine Würfel schneiden.
- Frühlingszwiebel und Schnittlauch in feine Röllchen schneiden.
- 1 EL von den Schnittlauchröllchen für die Dekoration aufbewahren.
- Die restlichen Röllchen und die Frühlingszwiebeln in den Quark einrühren.
- Leinöl und Almased gut unterrühren.
- Die Quarkspeise in eine Glasschale füllen, mit den Schnittlauchröllchen garnieren.

▶ Nährwerte pro Portion

405 kcal | 48,7 g E | 11,7 g F | 21 g KH | 1,8 BE | 3 g BS

Beeriger Quark

Beerenfrüchte: voller Fruchtgeschmack, aber kaum Fruchtzucker.

▶ Für 1 Person

10 Min.

125 g Magerquark · 50 g Seidentofu · 25–50 ml kohlensäurehaltiges Mineralwasser · ½ Vanilleschote · ½ TL Honig · 2 EL Beerenfrüchte (30 g) · 1 EL Walnussöl · 50 g Almased

- Den Quark mit dem Mineralwasser glattrühren und den Seidentofu unterrühren.
- Die halbe Vanilleschote mit dem Messerrücken auskratzen und zusammen mit dem Honig unterrühren.
- Die frischen Beerenfrüchte kurz kalt abbrausen, trocken tupfen und, bis auf 4 Früchte, unter den Quark heben.
- Öl und Almased einarbeiten, die Quarkspeise in eine Schale umfüllen, mit den 4 Früchten garnieren und servieren.

▶ Nährwerte pro Portion

395 kcal | 46,5 g E | 12,5 g F | 23,6 g KH | 2 BE | 1,2 g BS

Tipp

Um das Aroma der Früchte zu intensivieren, können Sie diese zunächst mit einer Gabel zerdrücken und dann erst in den Quark geben.

Knusperjoghurt

Noch was Leckeres zum Knuspern.

▶ Für 1 Person

12 Min.

200 g Joghurt · 1 TL Leinsamen, geschrotet · 1 TL Sonnenblumenkerne · 1 TL Sanddornmus · einige Spritzer Süßstoff · 50 g Almased · 1 TL Walnussöl

- Leinsamen und Sonnenblumenkerne in einer trockenen Pfanne anrösten, auf einen Teller geben und abkühlen lassen.
- Joghurt in eine Schüssel geben. Sanddorn, Süßstoff, Almased und Öl gut unterrühren.
- Die gerösteten Saaten über das Joghurt streuen.
- Da Joghurt und die Saaten bereits Fett enthalten, wird nur 1 TL Öl eingerührt.
- Fertig zum Genießen.

▶ Nährwerte pro Portion

380 kcal | 36 g E | 13,5 g F | 26,4 g KH | 2,2 BE | 1,5 g BS

Tipp

Die Saaten können Sie wunderbar auf Vorrat rösten und innerhalb von 2 Wochen aufbrauchen.

Almased-Tomatencremesuppe

Wie wäre es statt Shake mit dieser würzigen Suppe?

▶ Für 1 Person

12 Min.

1 Stück Zwiebel · 1 Stück Ingwer · 1 Knoblauchzehe · 1 EL Olivenöl · 1 TL Tomatenmark · 180 ml Tomatensaft · 50 ml Gemüsebrühe · 50 g Almased · 2 TL italienische Kräutermischung wie Basilikum, Oregano (oder für die scharfe Variante: Chili, Tabasco und Cayennepfeffer)

- Zwiebel, Ingwer und Knoblauch schälen, sehr fein schneiden und in dem Öl andünsten.
- Tomatenmark zugeben und kurz mitdünsten. Mit Tomatensaft und Gemüsebrühe aufgießen und alles pürieren.
- Die Flüssigkeit darf nicht heißer sein als 40° C, wenn das Almased mit dem Schneebesen untergerührt wird.
- Die Kräuter sehr fein hacken und darüberstreuen.
- Oder scharf würzen.

▶ Nährwerte pro Portion

315 kcal | 29,2 g E | 11,3 g F | 22 g KH | 1,8 BE | 1 g BS

Erstaunlich, wie gut mir die Gemüsebrühe tut. Sie wärmt schön, füllt meinen Magen und ist mit den vielen Vitalstoffen aus dem Gemüse auch noch supergesund. Und ich mag den pikanten Geschmack als Abwechslung zu dem eher süßlich schmeckenden Almased-Pulver.

Gemüsebrühe

Diese basenreiche Gemüsebrühe können Sie nach Belieben genießen, denn sie hat kaum Kalorien.

▶ Für 1 Person

35 Min.

1 kg Gemüse (z. B. Karotten, Sellerie, Petersilienwurzel, Kohlrabi, Blumenkohl, Brokkoli, Weißkraut, Wirsing, Tomaten, Paprikaschoten, Zwiebeln) · Kräuter nach Belieben · evtl. 1 Lorbeerblatt · evtl. 3 Wacholderbeeren · 4 Liter Wasser

- Das Gemüse waschen, putzen und in kleine Würfel schneiden.
- Wenig Wasser in einen großen Topf geben und das Gemüse darin anschwitzen. Mit dem restlichen Wasser aufgießen, Kräuter, Lorbeerblatt und Wacholderbeeren zugeben, den Deckel schließen und ca. 20–30 Minuten (je nach Gemüsesorten) köcheln lassen.
- Anschließend die Brühe durch ein Sieb abgießen.
- Über den Tag verteilt davon trinken.
- Oder auch mal einen Almased-Shake damit anstelle von Wasser zubereiten.

▶ Nährwerte pro Portion/Tasse

20 kcal | 2 g E | 0 g F | 0 g KH | 0 BE | 0 g BS

Tipp

Es bietet sich an, diese Gemüsebrühe auf Vorrat zu kochen und im Kühlschrank zu haben. Dann können Sie sich jederzeit eine Tasse warmmachen.

Ideen für ein vitales Frühstück

Birnen-Nuss-Hüttenkäse

Gesundheit pur: knusprig und nussig.

▶ Für 2 Personen
Geht schnell 10 Min.
250 g Hüttenkäse · 140 g Birne (1 Birne) · 1 gehäuften EL geschroteten Leinsamen · 2 EL Nüsse · 1 EL Getreideflocken, z. B. Hafer- oder Dinkelflocken · 1 gestrichenen TL Zimt

- Die Birne waschen, achteln und das Kerngehäuse entfernen.
- Den Hüttenkäse mit dem Leinsamen mischen.
- Die Nüsse hacken und dazugeben.
- Den Hüttenkäse auf einen Frühstücksteller geben, die Birnenstücke darauf verteilen, die Getreideflocken darüberstreuen und mit dem Zimt bestäuben.

▶ Nährwerte pro Portion
290 kcal | 25 g E | 13 g F | 17 g KH | 1,5 BE | 7 g BS

Knuspriges Nussjoghurt

Geröstet entfalten die Nüsse ihr Aroma besonders gut.

▶ Für 2 Personen
Geht schnell 15 Min.
2 EL Nuss-Mandel-Mischung · 200 g Kefir, 1,5 % Fett · 200 g Joghurt, 1,5 % Fett · 2 TL Honig · ½ TL Zimt

- Die Nüsse und Mandeln hacken. In einer trockenen Pfanne leicht anrösten und abkühlen lassen.
- Kefir und Joghurt mit dem Honig cremig rühren, den Zimt zugeben, in 2 Schalen verteilen und die Nussmischung darüberstreuen.

▶ Nährwerte pro Portion
215 kcal | 13 g E | 11 g F | 12 g KH | 1 BE | 2,5 g BS

Vital-Drink

Für einen guten Start in den Tag.

▶ Für 2 Personen
Geht schnell 10 Min.
200 g Joghurt (1,5 % Fett) · 200 ml Buttermilch · 50 ml Fruchtsaft (100 % Frucht, ohne Zuckerzusatz, oder Früchtepüree) · 1 kleine Banane · ½ Vanilleschote · 1 EL Almased · 1 TL Honig · 1 EL gemahlene Mandeln · 1 EL zarte Vollkornhaferflocken

- Banane schälen und mit Fruchtsaft und Honig in einem hohen Gefäß pürieren.
- Die Vanilleschote längs halbieren, das Mark auskratzen und dazugeben.
- Joghurt, Buttermilch, gemahlene Mandeln, Haferflocken unterrühren und in 2 große Gläser füllen.

▶ Nährwerte pro Portion
270 kcal | 20 g E | 8 g F | 27 g KH | 2,25 BE | 3 g BS

Nektarinenquark

Der morgendliche Frischekick.

▶ Für 2 Personen
▶ Geht schnell 15 Min.
300 g Magerquark · 50–100 ml kohlensäurehaltiges Mineralwasser · 1 EL Zitronensaft · 1 TL Honig · 100 g Hüttenkäse · 1 Nektarine · 1 EL geschroteten Leinsamen

- Den Quark mit dem Mineralwasser glattrühren, den Zitronensaft unterrühren und mit dem Honig süßen. Den Hüttenkäse unterheben.
- Die Nektarine waschen und in Spalten schneiden.
- Den Quark in 2 Schalen geben, den Leinsamen darüberstreuen, die Nektarinenspalten darauf verteilen.

▶ Nährwerte pro Portion
217 kcal | 29 g E | 3 g F | 16,7 g KH | 1,4 BE | 2,5 g BS

Raffinierter Eiersalat

Lecker, sättigend – und versorgt Sie mit einer Kombination hochwertiger Eiweiße.

▶ Für 2 Personen

Gelingt leicht ⏱ 30 Min.

1 Schalotte · 1 EL Rapsöl · 50 g rote Linsen · 150 ml Gemüsebrühe · 2 Eier · 100 g Naturjoghurt, 1,5 % Fett · 25 g saure Sahne · ¼ TL Curry · Pfeffer · Salz · ¼ Bund Schnittlauch · 2 Stiele glatte Petersilie · 1 Karotte · 1 Stange Sellerie · ¼ Gurke · 1 kleine rote Paprikaschote

- Die Schalotte schälen, fein würfeln, in dem Öl glasig dünsten, die roten Linsen zugeben, unterheben, mit der Gemüsebrühe aufgießen, den Deckel schließen und die Linsen bei kleiner Temperatur gar ziehen lassen.
- Die Eier in ca. 10 Minuten hart kochen, abschrecken, pellen und abkühlen lassen.
- Den Joghurt mit der sauren Sahne verrühren, mit Curry, Pfeffer und Salz würzen.
- Die Kräuter abspülen, mit Küchenkrepp trockentupfen. Schnittlauch in feine Röllchen schneiden, die Petersilie ebenfalls fein schneiden. Die Kräuter unter den Joghurt mischen und einen Moment ziehen lassen.
- In der Zwischenzeit das Gemüse waschen, putzen und in längliche Streifen schneiden. Die Gurke vierteln, die Kerne entfernen.
- Die abgekühlten Eier fein würfeln. Zusammen mit den Linsen unter die Joghurtcreme heben, in Gläser füllen.
- Die Gemüsesticks dazu servieren.

▶ Nährwerte pro Portion

250 kcal | 14 g E | 14 g F | 8 g KH | 0,7 BE | 6 g BS

Sojaflocken-Müsli

Mit Sojaflocken wird auch das Müsli proteinreich.

▶ Für 2 Personen

Geht schnell ⏱ 5 Min.

60 g Sojaflocken (6 EL) · 10 g Dinkelkleie (1 EL) · 5 g Leinsamen, geschrotet (1 TL) · 100 g Naturjoghurt, 1,5 % Fett · 50 ml Milch, 1,5 % Fett · 1 TL Honig · 50 g Beerenfrüchte (2 EL)

- Die Sojaflocken, Dinkelkleie und Leinsamen in eine Schale geben, Milch, Joghurt und Honig einrühren.
- Die Beerenfrüchte waschen, trocken tupfen, die Hälfte unterheben und die andere Hälfte auf das Müsli streuen.

▶ Nährwerte pro Portion

390 kcal | 33 g E | 7 g F | 18 g KH | 1,5 BE | 19 g BS

Tipp

Sojaflocken sind der ideale Ersatz für Haferflocken, wenn es um das Einsparen der Kohlenhydrate geht. Sie enthalten nämlich fast keine Kohlenhydrate, dafür aber viermal so viel Eiweiß wie Haferflocken. Da dieses Müsli viele Ballaststoffe enthält, macht es lange satt. Bitte trinken Sie zusätzlich 1 Glas Wasser oder 1 Tasse Tee, damit diese gut quellen können.

Kräuteromelett mit Ziegenkäse

Mit warmem, zerlaufenem Ziegenkäse schmeckt das Omelett besonders würzig.

- Die Kräuter waschen, mit Küchenkrepp trocken tupfen und fein hacken.
- Die Eier in einer Schüssel schaumig schlagen, die Milch zugeben, mit Pfeffer und Salz würzen, die gehackten Kräuter unterheben.
- Die Schalotte schälen, in feine Würfel schneiden.
- Das Öl in einer Pfanne erhitzen, die Schalotte darin glasig dünsten.
- Die Eiermasse in die Pfanne geben und bei kleiner Hitze stocken lassen. Einmal wenden.
- Anschließend den Ziegenkäse auf das Omelett krümeln, einen Deckel auf die Pfanne setzen.
- Vergewissern Sie sich, dass Sie nur wenig Hitze verwenden, und lassen Sie den Käse ca. 5 Minuten zerlaufen.

▸ **Für 2 Personen**
Gelingt leicht 25 Min.

1 Bund Kräuter
1 Schalotte
2 Eier
50 ml Milch, 1,5 % Fett
Pfeffer
Salz
1 EL Rapsöl
50 g Ziegenkäse-Rolle

▸ **Nährwerte pro Portion**
320 kcal | 19 g E | 24 g F | 4 g KH | 0,5 BE | 2 g BS

Kräuter-Radieschen-Quark

Kräuter-Radieschen-Quark

Vollkornbrot mit pikant-erfrischendem Quark.

▶ **Für 2 Personen**

Geht schnell ⏱ 15 Min.

250 g Magerquark · 100 ml Mineralwasser mit Kohlensäure · Pfeffer · Salz · ½ Bund Schnittlauch und Petersilie bzw. Kräuter, nach Saison und Geschmack · 50 g Radieschen · 200 g Tomate · 200 g Gurke · 50 g Vollkornbrot (2 kleine Scheiben)

- Den Quark mit dem Mineralwasser glattrühren und mit Pfeffer und Salz würzen.
- Die Kräuter waschen, mit Küchenkrepp trocken tupfen und fein schneiden.
- Die Radieschen waschen, putzen und sehr fein schneiden.
- Den Quark mit den Kräutern und Radieschen vermengen.
- Tomate und Gurke waschen, in Scheiben schneiden und fächerartig auf einem Teller anrichten.
- Den Radieschen-Kräuterquark daraufgeben.
- Das Vollkornbrot dazu servieren.

▶ **Nährwerte pro Portion**

175 kcal | 20 g E | 1 g F | 15 g KH | 1,25 BE | 5 g BS

Lachs mit Meerrettichquark

Verboten lecker – so ganz ohne Brot.

▶ **Für 2 Personen**

Gelingt leicht ⏱ 20 Min.

250 g Magerquark · 100 ml kohlensäurehaltiges Mineralwasser · 1 Schalotte · Pfeffer · Salz · 3 TL Meerrettich · 6 Scheiben geräucherten Lachs · ½ Salatgurke

- Den Quark mit dem Mineralwasser glattrühren, mit Pfeffer und Salz würzen.
- Die Schalotte schälen und in sehr feine Würfel schneiden. Zu dem Quark geben. Den Meerrettich unterrühren.
- Den Quark noch einmal abschmecken. Aber Vorsicht: Da der Lachs salzig ist, sollte der Meerrettichquark nicht zu salzig sein.
- Die Gurke waschen, schälen und in Scheiben schneiden.
- Den Lachs, die Gurkenscheiben und den Meerrettichquark auf Tellern anrichten und servieren.

▶ **Nährwerte pro Portion**

230 kcal | 31 g E | 8 g F | 5 g KH | 0,5 BE | 2 g BS

Tipp

Statt Lachs können Sie auch Putenbrust oder Kochschinken ohne Fettrand verwenden.

Rührei mit Nordseekrabben

Ein Klassiker aus dem Norden.

▶ **Für 2 Personen**

Geht schnell ⏱ 10 Min.

4 Eier · 50 ml Milch · 1 Schuss kohlensäurehaltiges Mineralwasser · frischer schwarzer Pfeffer · Salz · 1 EL Rapsöl · 4 große Salatblätter · 2 Tomaten · 100 g Nordseekrabben · 2 Kresse-Sträußchen

- Die Eier mit der Milch und dem Mineralwasser verquirlen, mit Pfeffer und Salz würzen.
- Das Öl in einer Pfanne erhitzen, das Rührei hineingeben und bei kleiner Hitze stocken lassen. Mit einem Pfannenwender das Ei dabei vorsichtig vom Rand lösen und ein wenig von außen nach innen schieben.
- Die Hälfte der Krabben auf dem Rührei verteilen, damit sie warm werden.
- Die Salatblätter kalt abbrausen, trocken tupfen und auf 2 Teller verteilen.
- Die Tomate waschen, Stielansatz entfernen, in Scheiben schneiden und auf die Salatblätter legen.
- Das fertige Rührei auf den Salat geben. Die restlichen Krabben auf dem Rührei verteilen, mit Kresse garnieren und servieren.

▶ **Nährwerte pro Portion**

290 kcal | 25 g E | 19 g F | 4 g KH | 0,4 BE | 1 g BS

Avocadocreme mit Seidentofu

Klingt nicht nur edel, schmeckt auch so.

▸ Für 2 Personen

Gelingt leicht ⏲ 20 Min.

1 Avocado · 200 g Seidentofu · 2 EL Olivenöl · 2 Knoblauchzehen · 1 Messerspitze edelsüßen Paprika · frisch gemahlener Pfeffer · Salz · 1 EL Zitronensaft · 200 g Karotten · 200 g Salatgurke · ½ rote Paprikaschote · ½ grüne Paprikaschote · 100 g Kirschtomaten

- Die Avocado halbieren, das Fruchtfleisch herauslösen und mit dem Seidentofu und dem Öl verrühren.
- Knoblauch schälen und in diese Creme pressen (oder aus Geruchsgründen weglassen). Die Gewürze und den Zitronensaft zugeben und alles miteinander verrühren.
- Das Gemüse waschen, putzen, in Streifen schneiden und auf einem Teller anrichten. Die Kirschtomaten dekorativ dazwischen setzen.
- Zusammen mit der Avocadocreme servieren.

▸ Nährwerte pro Portion

285 kcal | 10 g E | 18 g F | 4 g KH | 0,4 BE | 11 g BS

Eier im Glas

Diese Varianten kennen Sie sicher noch nicht.

▸ Für 2 Personen

Gelingt leicht ⏲ 25 Min.

4 Eier · 2 Scheiben Kochschinken ohne Fettrand · 1 Scheibe rohen Schinken ohne Fettrand · 4 Cornichons · 12 Kirschtomaten · 2 Hände Pflücksalat, Feldsalat oder Rucola, je nach Saison · ¼ Bund Schnittlauch · 1 EL Zitronensaft · 2 EL Olivenöl · Pfeffer · Salz

- Die Eier 5 Minuten weich kochen, abschrecken und pellen.
- Den Schinken in ca. 1,5 cm große Stücke schneiden.
- Die Cornichons in feine Scheiben schneiden.
- Die Kirschtomaten waschen und halbieren.
- Den Pflücksalat waschen, trocknen und zerpflücken.
- Aus Zitronensaft, Öl, Pfeffer und Salz eine Marinade bereiten und den Salat damit anmachen.
- Den angemachten Salat in 2 Glasschälchen verteilen, die Hälfte der vorbereiteten Zutaten darauf verteilen. Je 2 Eier in die Mitte eines Schälchens setzen, die restlichen Zutaten um die Eier herumgeben.
- Schnittlauch waschen, klein schneiden und darüberstreuen.

▸ Nährwerte pro Portion

320 kcal | 21 g E | 24 g F | 3 g KH | 0,3 BE | 1 g BS

Paprika-Ricotta-Aufstrich mit Vollkornbrot

Brot pikant verfeinert.

▸ Für 2 Personen

Geht schnell ⏲ 10 Min.

150 g Ricotta · 200 g Seidentofu · 1 getrocknete Tomate · 1 kleine Paprikaschote · ½ TL Paprikapulver, edelsüß · etwas Pfeffer · 1 Prise Salz · 6 Blätter Basilikum · 2 Tomaten · 2 Scheiben grobkörniges, frisches Vollkornbrot (à 30 g)

- Ricotta mit dem Seidentofu verrühren.
- Die getrocknete Tomate sehr fein schneiden und zugeben.
- Die Paprikaschote waschen, putzen und in kleine Würfel schneiden.
- Zu der Creme geben, mit den Gewürzen abschmecken.
- Vier Basilikumblätter fein schneiden und unterrühren.
- Auf 2 Scheiben Vollkornbrot verteilen, mit je einem Basilikumblatt und einem Tomatenfächer von je einer Tomate garnieren.

▸ Nährwerte pro Portion

260 kcal | 15 g E | 13 g | 16 g KH | 1,4 BE | 5 g BS

Heidelbeer-Cremespeise mit Beerenspieß

Die leckeren Beeren machen garantiert gute Laune.

▶ Für 2 Personen

Geht schnell ⏲ 10 Min.

100 ml Sojamilch · 400 g Seidentofu · 1 EL Zitronensaft · einige Spritzer Süßstoff · 160 g Heidelbeeren · 40 g Himbeeren · 40 g Erdbeeren · 2 Holzspieße

- Die Sojamilch mit dem Seidentofu, Zitronensaft und Süßstoff mit dem Pürierstab verrühren.
- Die Beerenfrüchte vorsichtig abbrausen und abtropfen lassen. Von den Beerenfrüchten je 2 Stück beiseitelegen, die restlichen mit einer Gabel zerdrücken und unterrühren.
- Die Cremespeise in 2 Gläser geben.
- Die Beerenfrüchte abwechselnd auf den Spieß schieben und zu jedem Glas servieren.

▶ Nährwerte pro Portion

152 kcal | 13 g E | 6 g F | 11 g KH | 0,9 BE | 6 g BS

Pikant gefüllte Eier

Und noch eine herzhafte Frühstückvariation mit Eiern.

▶ Für 2 Personen

Gelingt leicht ⏲ 25 Min.

3 Eier · 200 g Magerquark · 50–100 ml kohlensäurehaltiges Mineralwasser · 2–3 TL Senf · ½ Bund Kerbel · Pfeffer, Salz · 2 Tomaten · 1 kleinen Kopfsalat · 2 TL Zitronensaft · 2 TL Olivenöl

- Die hart gekochten Eier halbieren und das Eigelb in ein Schälchen geben.
- Den Quark mit dem Mineralwasser glattrühren; Senf, Pfeffer, Salz, fein gehackten Kerbel unterrühren; das Eigelb hineinbröseln
- Den Salat waschen, zerpflücken und auf 2 Tellern verteilen. Die gewaschenen Tomaten in Scheiben schneiden und dazugeben. Mit Zitronensaft und Öl beträufeln, nach Bedarf salzen und pfeffern.
- Je 3 Eihälften obenauf setzen und mit dem Senfquark füllen.

▶ Nährwerte pro Portion

270 kcal | 26 g E | 14 g F | 4 g KH | 0,5 BE | 2 g BS

Wochenende! Juchu – endlich ausschlafen! Und dann mit einem gemütlichen späten Frühstück in die freien Tage starten. Gerne mit einem schönen Eiergericht, das ist lecker und hält lange satt. Und mein Freund freut sich ganz besonders darüber – der darf nämlich mitessen.

Soja-Pancake

Für den herzhaften Frühstücker.

▶ Für 2 Personen

Gelingt leicht ⏲ 30 Min.

Für die Pfannkuchen

40 g Sojamehl · 1 EL Kichererbsenmehl · 2 kleine Eier · 1 Prise Salz · 75 ml Buttermilch · 75 ml Mineralwasser mit Kohlensäure · 1 TL Margarine zum Ausbacken

Für die Füllung

1 Schalotte · 1 EL Rapsöl · 200 g Zucchini · 150 g Tomaten aus der Dose · 75 g Pilze · 100 g Tofu · frisch gemahlener Pfeffer Salz

- Für den Pfannkuchen alle Zutaten mit dem Mixer zu einem glatten Teig verrühren.
- Für die Füllung die Schalotte schälen und fein würfeln.
- Die Zucchini waschen und ebenfalls in Würfel schneiden.
- Die Pilze mit Küchenkrepp säubern.
- Tofu in Würfel schneiden.
- Das Rapsöl in einer Pfanne erhitzen, die Schalotte zugeben und glasig dünsten. Zucchini und Pilze ebenfalls zugeben und mitdünsten.
- Anschließend mit den Tomaten ablöschen, Tofu zugeben und in der Gemüsepfanne erwärmen.
- Mit Pfeffer und Salz würzen. Wer es gern schärfer mag, kann noch etwas Cayennepfeffer zugeben.
- Zwei Pfannkuchen in der Margarine ausbacken, mit der Gemüsemischung füllen und servieren.

▶ Nährwerte pro Portion

300 kcal | 27 g E | 17 g F | 8 g KH | 0,7 BE | 11 g BS

Lecker zum Mittag- oder Abendessen

Kürbis-Curry-Suppe mit Schmetterlings-Garnelen

Supercremig auch ohne Sahne.

▶ **Für 2 Personen**
Schön für Gäste ⌚ 25 Min.

Für die Suppe
- 600 g Hokkaidokürbis
- 100 g Lauch
- 2 Knoblauchzehen
- 3 cm Ingwerwurzel
- 1½ EL Rapsöl
- 1 TL Curry
- 300 ml Gemüsebrühe
- 200 ml Milch (1,5 % Fett)
- frisch gemahlener schwarzer Pfeffer
- Salz

Für die Einlage
- 6 Garnelen
- 2 Knoblauchzehen
- 1 Chilischote
- 1 TL Rapsöl

- Das Gemüse waschen. Den Hokkaidokürbis achteln, Kerne entfernen und in Würfel schneiden.
- Den Lauch in feine Streifen schneiden. Ingwer und Knoblauch schälen und würfeln.
- Das Rapsöl in einem Topf erhitzen, den Kürbis darin andünsten, einen Schuss von der Gemüsebrühe zugeben, den Deckel schließen und den Kürbis ca. 8 Minuten darin bei kleiner Hitze garen.
- Unterdessen die Garnelen im Rücken längs einschneiden, aber nicht ganz durchschneiden, den Darm herausziehen, kalt abbrausen, trocken tupfen. Knoblauch schälen und vierteln.
- Für die Garnelen das Öl in einer Pfanne erhitzen, Knoblauch und Chilischote darin erwärmen und ca. 5 Minuten ziehen lassen.
- Zur Suppe alle anderen Zutaten dazugeben, kurz mitdünsten. Mit der Gemüsebrühe aufgießen, Deckel schließen und ca. weitere 4 Minuten bei kleiner Hitze garen.
- Die Temperatur in der Pfanne erhöhen, die Garnelen wie einen Schmetterling öffnen und ca. 2–3 Minuten in dem Öl garen.
- Die Milch zur Suppe dazugeben und erhitzen, die Suppe pürieren und mit Curry, Salz und Pfeffer würzen.
- Die Suppe in vorgewärmte Suppenteller füllen, die Garnelen etwas abtropfen lassen und dekorativ auf den Tellerrand legen.

▶ **Nährwerte pro Portion**
280 kcal | 19 g E | 14 g F | 5 g KH | 0,4 BE | 5 g

Tipp
Statt der Garnelen können Sie auch 2 Putenwienerle zur Suppe geben. Einfach in Wasser erhitzen, in kleine Stücke schneiden und zur Suppe hinzufügen. Das ergäbe dann folgende Nährwerte pro Portion: 330 kcal, 17 g E, 21 g F, 5 g KH, 0,4 BE, 5 g BS

Gazpacho mit Basilikum-Quarknockerln

Die Nockerln-Einlage macht diese spanische Gemüsesuppe gehaltvoller.

- Das Gemüse waschen und putzen.
- Die Tomaten oben kreuzweise einschneiden, mit heißem Wasser überbrühen, kurz abschrecken, schälen, achteln und die Kerne entfernen.
- Die rote Paprikaschote in Stücke schneiden.
- Die Gurke, Zwiebel und Knoblauch schälen und würfeln.
- Das vorbereitete Gemüse, Tomaten aus der Dose und Tomatensaft in einem hohen Gefäß mit einem Pürierstab cremig pürieren. Öl, Essig, Gemüsebrühe, Zucker und Gewürze zugeben und den Pürierstab dabei weiterlaufen lassen.
- Die Gazpacho evtl. noch einmal mit Pfeffer und Salz abschmecken und anschließend kühl stellen.
- Die gelbe Paprikaschote in sehr feine Würfel schneiden.
- In der Zwischenzeit die Quarknockerln zubereiten.
- Dafür den Quark sehr gut abtropfen lassen, damit er schön trocken wird. Dann mit dem Ei, Zitronensaft, geriebenem Parmesan und Kichererbsenmehl vermischen. Die Gewürze zugeben und abschmecken.
- Das Basilikum waschen, trocken tupfen, sehr fein schneiden und unterheben.
- Die Nockerlnmasse ca. 5 Minuten ziehen lassen.
- Sobald das Salzwasser kocht, die Platte ausstellen, von der Quarkmasse mit 2 Teelöffeln Nockerln abstechen, in das Salzwasser geben und 10 Minuten ziehen lassen. Nockerln herausheben und auf einem Teller etwas abkühlen lassen.
- Die Gazpacho auf 2 Teller verteilen, die abgekühlten Nockerln in die Gazpacho setzen, mit den gelben Paprikawürfeln bestreuen und servieren.

▶ **Nährwerte pro Portion**

445 kcal | 29 g E | 15 g F | 10 g KH | 1 BE | 12 g BS

▶ **Für 2 Personen**

Schön für Gäste ⏲ 45 Min.

Für die Suppe

3	Tomaten
1 kleine	Dose Tomaten (250 ml)
1/8 Liter	Tomatensaft
1/2	Salatgurke
1	rote Paprikaschote
1	rote Zwiebel
2	Knoblauchzehen
2 EL	Olivenöl
1 EL	Essig
100 ml	Gemüsebrühe
1 Prise	Zucker
	schwarzer Pfeffer, Salz
1 kleine	gelbe Paprikaschote

Für die Basilikum-Quarknockerl

1 Topf	mit Salzwasser aufsetzen
150 g	Magerquark
1	Ei
	einige Spritzer Zitronensaft
30 g	geriebenen Parmesan
30 g	Kichererbsenmehl
2 Stiele	Basilikum
1 Prise	Muskatnuss

An der Almased-Diät gefällt mir, dass ich nicht nur Pulver einnehme, sondern auch lecker essen kann. Je nach Phase gibt es ein bis zwei Gerichte am Tag, die richtig lecker schmecken. Theoretisch weiß ich, wie man sich gesund und einigermaßen kalorienbewusst ernährt, aber oft hapert es ja an der Umsetzung. Beim Nachkochen der Rezepte wird aus grauer Theorie konkrete Praxis – und ich bin sicher, dass ich dabei Vieles auch für die Zeit nach der Diät lerne und beibehalte.

Gemüsesuppe „quer durch den Garten“

Das Gemüse können Sie je nach Angebot und Geschmack frei variieren.

▶ Für 2 Personen

Gelingt leicht ⏲ 45 Min.

1 Zwiebel · ½ Stange Lauch · 2 Karotten · 2 mittelgroße Kartoffeln · 1 Kohlrabi · 100 g Rosenkohl · ¼ Wirsing · 6 Stangen Bleichsellerie · ½ Bund Petersilie · 1 EL Rapsöl · ¾ Liter Gemüsebrühe · 200 g Räuchertofu · frischer schwarzer Pfeffer · Salz

- Die Zwiebel schälen und in Würfel schneiden.
- Das Gemüse waschen und putzen.
- Lauch halbieren, dann noch einmal gründlich waschen und in Streifen schneiden.
- Karotten, Kartoffeln und Kohlrabi schälen und in ca. gleich große Würfel schneiden.
- Den Wirsing und Bleichsellerie in Streifen schneiden.
- Die Petersilienblättchen von den Stielen zupfen und fein hacken.
- Das Öl in einem großen Topf erhitzen und Zwiebel und Lauch darin andünsten. Kartoffeln, Wirsing und Kohlrabi zugeben, unterrühren. Mit der Brühe ablöschen und ca. 15 Minuten köcheln lassen. Dann Bleichsellerie und Karotten zugeben und weitere 10 Minuten mitgaren.
- Den Räuchertofu in Würfel schneiden, zugeben und in der Suppe warm ziehen lassen.
- Mit Pfeffer und Salz würzen, in Suppentellern servieren und mit der Petersilie bestreuen.

▶ Nährwerte pro Portion

380 kcal | 27 g E | 13 g F | 15 g KH | 1,25 BE | 16 g BS

Tipp

Wenn Sie mögen, können Sie statt der Gemüsebrühe Fleischbrühe verwenden und 1 Stück Rindfleisch (240 g) in der Suppe mit garen. Nährwerte pro Portion: 534 kcal, 50 g E, 20 g F, 15 g KH, 1,25 BE, 16 g BS

Karottencremesuppe mit Bruschetta

Eine ideale leichte Mahlzeit: eine warme Suppe mit erfrischendem Tomatenbruschetta.

▶ Für 2 Personen

Schön für Gäste ⏲ 30 Min.

Für die Suppe

600 g Karotten · 100 g Zwiebel · 2 Knoblauchzehen · 3 cm Ingwerwurzel · 1 EL Rapsöl · frisch gemahlener schwarzer Pfeffer · Salz · 300 ml Gemüsebrühe · 100 ml Milch (1,5 % Fett) · 6 Stiele glatte Petersilie

Für die Bruschetta

4 Scheiben Ciabatta (à 15 g) · 200 g aromatische Tomaten 1 Zwiebel · 70 g Mozzarella · 2 Knoblauchzehen · 4 Stiele Basilikum · 1 TL Olivenöl

- Karotten waschen und schaben. Zwiebeln, Knoblauch und Ingwer schälen und in Würfel schneiden.
- In dem Öl glasig dünsten, die Karotten zugeben und mitdünsten. Mit Pfeffer und Salz würzen und mit der Gemüsebrühe ablöschen. Deckel auf den Topf geben und ca. 8 Minuten bei mittlerer Hitze garen.
- In der Zwischenzeit die Petersilie waschen, trocken tupfen, von den Stielen zupfen und hacken.
- Sobald die Karotten gar sind, die Milch zugeben und alles pürieren.
- Das Ciabatta-Brot kurz im Backofen oder Toaster rösten.
- Die Tomaten waschen und würfeln. Zwiebel und Knoblauch schälen und fein würfeln.
- Basilikum waschen, trocken tupfen, Blätter von den Stielen zupfen und fein schneiden. Den Mozzarella würfeln.
- Alle Zutaten mit dem Öl zusammen vermischen und mit Pfeffer und Salz würzen.
- Auf die Ciabatta-Scheiben geben, auf 2 Tellern anrichten.
- Die Karottensuppe in 2 vorgewärmte Suppenteller geben und mit der gehackten Petersilie dekorativ bestreuen.
- Zusammen mit den Bruschetta servieren.

▶ Nährwerte pro Portion

450 kcal | 19 g E | 18 g F | 22 g KH | 1,8 BE | 14 g BS

Minestrone mit Fleischklößchen

Die italienische Gemüsesuppe – mal so richtig sättigend.

- Die Putenbrust in einen Gefrierbeutel ins Gefrierfach des Kühlschranks legen.
- Für die Suppe das Gemüse waschen und putzen.
- Karotten, Petersilienwurzel und Topinambur schälen und mit dem ungeschälten Kürbis in gleich große Würfel schneiden.
- Bleichsellerie in ca. ½ cm dicke Scheiben schneiden.
- Die Tomaten oben kreuzweise einschneiden, mit heißem Wasser überbrühen, kalt abschrecken, schälen, achteln und die Kerne entfernen.
- Das Rapsöl in einem Topf erhitzen, das Gemüse darin rundherum andünsten und mit der Gemüsebrühe aufgießen, kurz aufkochen lassen. Die Gewürze zugeben, den Deckel schließen und ca. 5–8 Minuten bei kleiner Hitze köcheln lassen.
- Die frischen Kräuter der Saison waschen, trocken tupfen, hacken und für die Garnitur beiseite stellen.
- Für die Herstellung der Klößchen die Gemüsebrühe zum Kochen bringen. Anschließend die Kochplatte ausschalten.
- Die Putenbrust aus dem Gefrierfach entnehmen, mit einem Pürierstab zusammen mit dem Esslöffel Wasser pürieren.
- Die Kräuter waschen und ein wenig trocken schütteln, sehr fein hacken und zu der Putenfarce geben. Mit Pfeffer und Salz würzen.
- Mit einem Teelöffel Klößchen abstechen, in die Gemüsebrühe geben und 4 Minuten gar ziehen lassen.
- Die Minestrone in 2 Teller portionieren, die Fleischklößchen einsetzen, mit den Saisonkräutern bestreuen und servieren.

▶ Nährwerte pro Portion

320 kcal | 21 g E | 17 g F | 12 g KH | 1 BE | 20 g BS

▶ Für 2 Personen

Gelingt leicht ⏲ 35 Min.

Für die Suppe:

1 große	Karotte
2 Stangen	Bleichsellerie
100 g	Petersilienwurzel
100 g	Topinambur
100 g	Hokkaidokürbis
100 g	Kartoffeln
2	Tomaten
2 EL	Rapsöl
350 ml	Gemüsebrühe
	Muskat
	Pfeffer
	Salz
1½ EL	Kräuter

Für die Fleischklößchen:

¼ Liter	Gemüsebrühe
100 g	Putenbrust
1 EL	kaltes Wasser
	Pfeffer
	Salz
¼ Bund	Schnittlauch
1 EL	Basilikum und Thymian

Diese Minestrone ist einfach lecker. Klar, sie macht auch etwas Arbeit, denn das ganze Gemüse will ja geschnippelt werden. Wenn man schon mal dabei ist, lohnt es sich richtig, gleich die doppelte Portion zu kochen. Ich friere die eine Hälfte ein oder esse sie zwei Tage später – gut gekühlt bleibt sie frisch und die Vitamine leiden sicherlich nicht.
Ich liebe Italien und alles, was danach schmeckt und mich in Urlaubsstimmung versetzt.

Bunter Gemüseauflauf

Parmesan ist super für die fettreduzierte Küche: voller Geschmack, aber fettarm.

▶ Für 2 Personen

Gut mitzunehmen ⏲ 40 Min. plus 25 Min. Backzeit

350 g Karotten · 300 g Kohlrabi · 2 Frühlingszwiebeln · 1 EL Rapsöl · 100 ml Gemüsebrühe · 100 g Erbsen (TK-Ware oder Dose) · 3 Eier · 250 ml Milch (1,5 % Fett) · Paprikapulver, edelsüß · schwarzer Pfeffer · Salz · Muskatnuss · ½ Bund Schnittlauch · ½ Bund Petersilie · 50 g Parmesan

- Karotten und Kohlrabi waschen, putzen, schälen und in kleine Stücke schneiden.
- Frühlingszwiebel putzen und in Ringe schneiden.
- Das Öl in einem Topf erhitzen, Frühlingszwiebel darin glasig dünsten, das Gemüse und die Erbsen zugeben, ebenfalls kurz andünsten, die Gemüsebrühe angießen. Den Topf schließen und alles ca. 10 Minuten garen.
- Die Eier mit der Milch und allen Gewürzen verquirlen.
- Die Kräuter kalt abbrausen, trocken tupfen. Die Petersilienblättchen von den Stielen zupfen und hacken. Schnittlauch in Röllchen schneiden. Die Kräuter zu der Eiermilch geben.
- Den Backofen auf 200 °C vorheizen.
- Das gedünstete Gemüse in eine Auflaufform geben, die Eiermilch darübergießen. Im Backofen bei 190 °C (Umluft 170° C) für 30 Minuten stocken lassen.
- Den Parmesan reiben und auf den Auflauf geben. Weitere 5 Minuten im Ofen überbacken.

▶ Nährwerte pro Portion

450 kcal | 33 g E | 19 g F | 13 g KH | 1 BE | 12 g BS

Tipp

Wenn Sie den Auflauf mitnehmen, können Sie ihn einfach in der Mikrowelle aufwärmen, er schmeckt aber auch kalt.

Taboulé mit Mozzarella-Kugeln

Im Original gehört natürlich kein Mozzarella zum Taboulé. Aber hier ist es der Eiweiß-Kick.

▶ Für 2 Personen

Gut mitzunehmen ⏲ 35 Min. plus Ziehzeit

Für das Taboulé

50 g Couscous · 80–100 ml Gemüsebrühe · 300 g Tomaten · ½ Salatgurke · 2 Frühlingszwiebeln · 1 Bund glatte Petersilie · 6 frische Minze Blätter · 200 g Mozzarella-Kugeln, fettarme Variante

Für das Dressing

3 EL Zitronensaft · frisch gemahlener schwarzer Pfeffer · Meersalz · 1 EL Olivenöl · 1 EL Rapsöl

- Den Couscous mit der Gemüsebrühe übergießen, darin quellen lassen (ca. 20 Minuten) und immer wieder einmal umrühren. Abkühlen lassen.
- Die Tomaten, Gurke, Frühlingszwiebeln und Petersilie waschen und putzen.
- Die Tomaten entkernen und in kleine Würfel schneiden.
- Die Gurke schälen, vierteln, Kerne entfernen und in ebenso große Stücke schneiden wie die Tomaten.
- Frühlingszwiebeln in feine Ringe schneiden.
- Die Petersilie und die Minze von den Stielen zupfen und in Streifen schneiden.
- Alle Zutaten in einer Schüssel gut miteinander vermischen.
- Für das Dressing alle Zutaten in der Reihenfolge miteinander verrühren, unter den Salat mengen.
- Den Salat abgedeckt im Kühlschrank ziehen lassen. Mindestens 15 Minuten, besser 2 Stunden.
- Vor dem Servieren noch einmal mit Pfeffer und Salz abschmecken.

▶ Nährwerte pro Portion

445 kcal | 26 g E | 23 g F | 20 g KH | 1,7 BE | 4 g BS

Taboulé mit Mozzarella-Kugeln

Mangoldgratin mit Kürbisgnocchi

Bei nass-kaltem Herbstwetter ein wunderbar wärmendes Gericht.

▶ **Für 2 Personen**

Schön für Gäste ⏲ 50 Min.

Für das Gratin:

4	Frühlingszwiebeln
2	Knoblauchzehen
2 cm	Ingwerwurzel
1 EL	Rapsöl
300 g	Mangold
1	Schalotte
1 EL	Butter
1 EL	Sojamehl
250 ml	Gemüsebrühe
4 EL	Parmesankäse, gerieben

Für die Gnocchi:

250 g	Hokkaidokürbis
100 g	Kartoffeln
1	Ei
1 EL	Sojamehl
3 EL	Kichererbsenmehl (fein gemahlen)
	Pfeffer
	Salz
	Muskat

- Frühlingszwiebeln waschen, putzen und in Ringe schneiden. Knoblauch und Ingwer schälen und fein würfeln. Alles in dem Rapsöl glasig dünsten.
- Mangold waschen, putzen, in Streifen schneiden und mit anbraten, bis er etwas Farbe bekommt. Alles in eine gefettete Auflaufform geben.
- Den Backofen auf 200 °C (Umluft 180 °C) vorheizen.
- Die Schalotte schälen, fein würfeln und in der Butter glasig dünsten. Das Sojamehl unterrühren und mit der Gemüsebrühe ablöschen. Alles gut verrühren, damit keine Klümpchen entstehen. Den Parmesan unterrühren. Diese Parmesansauce über das Mangoldgemüse geben. Die Auflaufform in den Ofen schieben und bei 180 °C ca. 20 Minuten überbacken.
- Für die Gnocchi den Kürbis ausnahmsweise schälen, die Kerne entfernen, in Würfel schneiden und in Salzwasser garen. Abkühlen lassen. Die Kartoffeln in der Schale kochen, abkühlen lassen und schälen.
- Anschließend Kartoffeln und Kürbis durch eine Kartoffelpresse in eine Schüssel geben, mit den anderen Zutaten vermengen. Auf einer bemehlten Arbeitsfläche Rollen formen. Davon ca. 2 cm lange Gnocchi abschneiden.
- Diese in leicht sprudelndes Salzwasser geben. Darin 4–6 Minuten gar ziehen lassen, mit einer Schaumkelle herausheben, abtropfen lassen und mit dem Mangoldgratin servieren.

▶ **Nährwerte pro Portion**

360 kcal | 22 g E | 18 g F | 16 g KH | 1,25 BE | 15 g BS

Tipp

Diese Gnocchi sind eine ideale Beilage auch zu anderen Gerichten. Dann rechnen Sie bitte folgende Nährwerte für die Gnocchi pro Portion dazu: 130 kcal, 10 g E, 4 g F, 15 g KH, 1,25 BE, 6 g BS.

Sellerieschnitzel mit Tomatensauce und frischem Feldsalat

Diese vegetarische Schnitzelvariante sorgt für gesunden Basenausgleich.

▶ Für 2 Personen
Gelingt leicht ⏲ 40 Min.
Rezept für die Tomatensauce siehe S. 71

400 g	Sellerie
300 ml	Gemüsebrühe
1 EL	Mehl
3 EL	Semmelbrösel
4 EL	geriebener Parmesan
2 Msp.	Chili
1 EL	Petersilie
2	Eier
	frisch gemahlener schwarzer Pfeffer
	Salz
2 EL	Öl
2 Scheiben	Zitrone
200 g	Feldsalat
1 TL	scharfer Senf
2 EL	Essig
1 EL	Brühe
1 EL	Walnussöl
4	Walnusshälften

- Sellerie schälen und in ca. 1 cm dicke Scheiben schneiden und in sprudelnder Gemüsebrühe bissfest blanchieren. Herausnehmen, abtropfen und etwas abkühlen lassen.
- Mehl auf einen flachen Teller streuen.
- Semmelbrösel, Parmesan und Chili mischen. Petersilie waschen, trocken tupfen, hacken und untermischen.
- Die Eier verquirlen, mit Pfeffer und Salz würzen.
- Die Selleriescheiben erst ins Mehl legen, dann durch das Ei ziehen und in der Parmesan-Semmelbrösel-Panade wenden. Danach in heißem Öl goldgelb backen, auf einem Küchenkrepp etwas abtropfen lassen.
- Den Feldsalat mehrmals waschen, trocken schleudern und auf 2 Tellern anrichten.
- Senf, Gewürze, Essig und Gemüsebrühe vermischen, das Öl unterziehen. Das Dressing über den Salat geben, mit den Walnusshälften garnieren.
- Die Sellerieschnitzel mit je 3 EL der Tomatensauce ebenfalls auf den Tellern anrichten, die Schnitzel mit einer Zitronenscheibe belegen.

▶ Nährwerte pro Portion
420 kcal | 20 g E | 28 g F | 12 g KH | 1 BE | 11 g BS

Tipp

Statt Sellerieschnitzel können Sie auch Champignon-, Auberginen- oder Zucchinischeiben mit dem Parmesanmantel umhüllen und ausbacken.

Ich weiß, manche Leute kriegen Gänsehaut, wenn sie nur an Sellerie denken. Ich mag Sellerie eigentlich ganz gerne. Aber wenn es Ihnen gerade die Haare aufstellt, ist das kein Problem – die Rezepte der Almased-Diät sind superflexibel. Viele Zutaten können einfach ausgetauscht werden (okay, Sahne statt Buttermilch ist vielleicht keine gute Idee ...). Ich habe diese Gemüseschnitzel schon mit Champignons, Auberginen und auch mit Zucchinischeiben ausprobiert, das schmeckt mit der Parmesanhülle ebenfalls köstlich.

Marokkanischer Gemüsetopf

Marokkanischer Gemüsetopf

Wenn Sie das Gericht in einem Original-Tajine-Topf servieren, macht es besonders viel her.

▶ **Für 2 Personen**

Schön für Gäste ⏲ 50 Min.

2 EL Rapsöl · 2 cm Ingwer · 2 Knoblauchzehen · 2 Kardamomkapseln · 1 Msp. Kurkuma · 1/4 TL Curry · 1 Prise Zimt · 1 Msp. Kreuzkümmel, gemahlen · 1 Msp. Koriander, gemahlen · 1 Msp. Cayennepfeffer · 1 Prise Salz · 1 EL Zitronensaft · 100 ml Gemüsebrühe · 200 g Hokkaidokürbis · 200 g Karotten · 200 g Kohlrabi · 300 g Topinambur · 1 Lauchstange · 1 TL Rosinen · je 1/4 Bund glatte Petersilie und frischen Koriander

- Zunächst ein „Aromaöl" herstellen. Dafür das Öl in einen kleinen Topf oder Pfanne geben und leicht erwärmen. Ingwer und Knoblauch schälen, Ingwer in das Öl raspeln, Knoblauch in das Öl pressen.
- Die Kardamomkapseln in das Öl legen und leicht andrücken. Alle weiteren Gewürze in das Öl einrühren. Das Aromaöl erhitzen. Mit dem Zitronensaft und der Gemüsebrühe angießen und noch etwas ziehen lassen.
- Backofen auf 200 °C (Umluft 180 °C) vorheizen.
- Kürbis, Gemüse, Topinambur waschen und putzen.
- Karotten, Kohlrabi und Topinambur schälen und in mundgerechte Stücke schneiden. Lauch halbieren und in ca. 2 cm lange Stücke schneiden.
- Alles miteinander vermischen und in eine Tajine oder Auflaufform geben. Die Rosinen in das Aromaöl einrühren und dies über die Auflaufform gießen, den Deckel schließen und für ca. 30 Minuten im Backofen garen.
- Die Kräuter waschen und trocken tupfen, die Blättchen von den Stielen zupfen, hacken und vor dem Servieren über das Gemüse streuen.

▶ **Nährwerte pro Portion**

280 kcal | 10 g E | 13 g F | 10 g KH | 0,8 BE | 8 g BS

Risotto in italienischen Farben

Der verwendete Vollkornreis hat einen günstigeren glykämischen Index als der übliche Risottoreis.

▶ **Für 2 Personen**

Ideal zum Mittag ⏲ 30 Min.

80 g Vollkornreis · 1 Zwiebel · 2 Knoblauchzehen · 1 EL Rapsöl · 2 getrocknete Tomaten · 500 g Blattspinat (tiefgekühlt und aufgetaut) · 250 g Kirschtomaten · schwarzer Pfeffer, frisch gemahlen · 1 EL Pinienkerne · Salz · 40 g Parmesan

- Den Reis in der doppelten Menge Salzwasser oder Gemüsebrühe bei kleiner Hitze garen, abgießen und warm stellen.
- In der Zwischenzeit Zwiebeln und Knoblauch schälen, in feine Würfel schneiden und in einer tiefen Pfanne in dem Öl anbraten. Die getrockneten Tomaten in feine Streifen schneiden und zugeben.
- Den Spinat und die Kirschtomaten zugeben und ca. 10 Minuten dünsten.
- Mit Pfeffer und Salz würzen.
- Den Parmesan reiben. Die Hälfte davon unter den gegarten Reis unterheben.
- Auf 2 vorgewärmten Tellern verteilen, mit den Pinienkernen und dem restlichen Parmesan bestreuen und servieren.

▶ **Nährwerte pro Portion**

350 kcal | 20 g E | 14 g F | 29 g KH | 2,5 BE | 8 g BS

Tipp

Dazu passt ein frischer Salat, z. B. Eisbergsalat mit einem Essig-Öl-Dressing (1 TL Olivenöl, 1 EL Essig, Pfeffer und Salz).

Spinat-Ziegenkäse-Soufflé mit Eichblattsalat

Goldgelb und luftig-leicht – so sollten Soufflés sein.

▸ **Für 2 Personen**
Schön für Gäste ⏲ 45 Min.

- 1 TL Rapsöl zum Ausstreichen der Förmchen
- 250 g junger Blattspinat
- Salz
- frisch gemahlener schwarzer Pfeffer
- 1 EL Walnussöl
- 1 Schalotte
- 2 Knoblauchzehen
- 1 EL Mehl
- 1 Msp. Cayennepfeffer
- 1 Msp. Curry
- 125 ml Milch (1,5 % Fett)
- 100 g weicher Ziegenkäse, evtl. fettreduziert
- 2 EL Parmesan, fein gerieben
- 2 Eier
- 1 Eiweiß
- 1 Eichblattsalat
- 1 Salatherz
- 1 EL mittelscharfer Senf
- 1 TL Honig
- 1 TL Sauerrahm
- 2 EL weißer Balsamico-Essig
- 2 EL Gemüsebrühe
- Pfeffer und Salz
- 1 EL Walnussöl

- Den Spinat waschen, putzen, in einen großen Topf geben, mit Salz und Pfeffer würzen. Einige Minuten garen, bis der Spinat zusammengefallen ist. Bei Bedarf einen Schuss Gemüsebrühe zugeben. Den Spinat abgießen und etwas abkühlen lassen, in ein großes, sauberes Küchentuch geben und die restliche Flüssigkeit ausdrücken.
- Den Spinat fein hacken und beiseite stellen.
- Den Backofen auf 200 °C (Umluft 180 °C) vorheizen.
- Die beiden Eier trennen.
- Schalotten und Knoblauch schälen, fein würfeln und in dem Walnussöl glasig dünsten. Mehl, Cayennepfeffer und Curry unterrühren. Die Milch zugeben und die Mischung für einige Minuten köcheln, bis sie dick wird. Dabei gut rühren.
- In eine große Schüssel geben und abkühlen lassen. Ziegenkäse, geriebenen Parmesankäse, Spinat und Eigelbe zugeben und unterrühren.
- Anschließend das Eiweiß sehr steif schlagen und vorsichtig unterheben.
- 4 ofenfeste Souffléförmchen (150 ml) mit dem Rapsöl ausstreichen.
- Die Masse in die Schälchen füllen, leicht auf die Arbeitsfläche klopfen. So entweichen eventuelle Lufteinschlüsse.
- Mit einem Messer um den Rand der Masse fahren. Ein tiefes Backblech etwa 1 cm mit Wasser füllen, die Förmchen daraufstellen und in den Backofen geben: 13–15 Minuten bei 180–200 °C.
- Die Soufflés sind fertig, wenn Sie goldbraun und aufgegangen sind. Sofort servieren, denn Soufflés fallen sehr schnell zusammen.
- Den Salat waschen, putzen, trocken schleudern und in mundgerechte Stücke zupfen.
- Senf, Sauerrahm, Essig und Gewürze miteinander verrühren, das Öl zugeben. Die Vinaigrette unter den Salat heben. Den Salat auf 2 großen Tellern anrichten. Die Soufflés daneben setzen und genießen.

▸ **Nährwerte pro Portion**
370 kcal | 28 g E | 23 g F | 8 g KH | 0,7 BE | 4 g BS

Mediterrane Kräutercreme mit Rohkost

Mediterrane Kräutercreme mit Rohkost

Vorsicht! Die pikante Creme schmeckt unverschämt gut.

► Für 2 Personen

Gut mitzunehmen ⌚ 40 Min.

Für die Creme:

100 g Magerquark · 200 g Seidentofu · 1 TL Olivenöl · 5 grüne Oliven ohne Stein · 5 schwarze Oliven ohne Stein · 1 Knoblauchzehe · ½ Bund Schnittlauch · 2 Stiele Basilikum · 10 g Sonnenblumenkerne · 10 g Sesam · schwarzer Pfeffer · Salz · 4 Scheiben Vollkornbaguette

Für die Rohkost:

2 große Karotten · 2 mittlere Kohlrabis · 1 EL Zitronensaft · 1 EL Essig · 1 EL Rapsöl

- Sonnenblumenkerne und Sesam in der trockenen Pfanne kurz anrösten und abkühlen lassen.
- Knoblauch schälen.
- Oliven, Knoblauch, Sonnenblumenkerne und Sesam pürieren.
- Quark, Seidentofu und Olivenöl cremig rühren, das Püree dazugeben, mit den gehackten Kräutern abschmecken.
- Karotten und Kohlrabis schälen und fein raspeln, mit Zitronensaft, Öl, Pfeffer und Salz vermischen.
- Die Rohkost mit der Sojacreme und dem knusprigen Vollkornbaguette servieren.

► Nährwerte pro Portion

400 kcal | 22 g E | 20 g F | 17 g KH | 1,5 BE | 7 g BS

Gebratener Tofu auf Tomatencarpaccio

Durch die Marinade erhält der Tofu einen zarten Basilikumgeschmack.

► Für 2 Personen

Gelingt leicht ⌚ 15 Min., 2 Std. Marinierzeit

200 g Tofu · 2 EL Rapsöl · 2 EL Basilikum · 2 Salatherzen · 400 g Tomaten · 1 EL Olivenöl · schwarzer Pfeffer · Salz

- Tofu in ca. ½ cm dicke Scheiben schneiden.
- Basilikum waschen, trocken tupfen und hacken. Mit dem Rapsöl mischen und den Tofu darin für ca. 2 Stunden einlegen.
- Salatblätter vom Strunk lösen, waschen und trocken tupfen.
- Tomaten waschen, Stielansatz entfernen und in Scheiben schneiden.
- Auf 2 Tellern zunächst die Salatblätter, darauf dann die Tomatenscheiben verteilen. Mit Pfeffer und Salz würzen. Das Olivenöl darüberträufeln.
- Die Tofuscheiben in dem Öl, in dem sie eingelegt waren, in einer Pfanne braten, mit frischem schwarzem Pfeffer und etwas Salz würzen und auf den Tomatenscheiben anrichten.

► Nährwerte pro Portion

220 kcal | 12 g E | 15 g F | 1 g KH | 0 BE | 5 BS

Grundrezept für Tomatensauce

Diese fruchtige Tomatensauce passt zu vielen Gerichten.

► Für 2 Personen

Gelingt leicht ⌚ 30 Min.

1 Schalotte · 2 Knoblauchzehen · 1 EL Rapsöl · 150 g reife Tomaten · 1 kleine Dose geschälte Tomaten · Salz· Pfeffer · 1 Prise Zucker · 4 Stiele Basilikum

- Schalotten und Knoblauch schälen, in kleine Würfel schneiden und in dem Rapsöl glasig dünsten.
- Die Tomaten waschen, kurz überbrühen, Schale abziehen, in Würfel schneiden und zusammen mit den Dosentomaten in die Pfanne geben und mitdünsten.
- Das Basilikum waschen, trocken tupfen, fein schneiden und zugeben.
- Mit Salz und Pfeffer würzen; mit dem Zucker abschmecken.
- Die Tomatensauce ca. 20 Minuten bei sehr kleiner Hitze köcheln lassen.
- Anschließend mit dem Pürierstab pürieren.
- Eventuell nochmals abschmecken.

► Nährwerte pro Portion

64 kcal | 2 g E | 4 g F | 6 g KH | 0 BE | 2 g BS

Zucchinirösti mit Salat und Ziegenkäsekugeln

Raffiniert – diese Zucchinirösti, damit können Sie auch Ihre Familie oder Gäste überraschen. Das Foto zum Rezept finden Sie im Inhaltsverzeichnis.

▶ **Für 2 Personen**

Schön für Gäste ⏲ 40 Min.

Für die Rösti

200 g	Zucchini, gelb
200 g	Zucchini, grün
100 g	Karotten
1	Zwiebel
¾ Bund	Schnittlauch
¼ Bund	glatte Petersilie
2	Eier
2 EL	Mehl
	schwarzer Pfeffer
	Salz
1 EL	Rapsöl

Für den Salat

100 g	Eichblattsalat
100 g	Ziegenfrischkäse
¼ Bund	Schnittlauch
¼ Bund	glatte Petersilie
1 TL	Senf
1 EL	Zitronensaft
1 EL	Balsamico-Essig
2 EL	Gemüsebrühe, flüssig
1 EL	Olivenöl

Zubereitung Rösti

- Gemüse und Kräuter putzen, waschen und trocken tupfen. Karotten und Zwiebel schälen.
- Zucchini, Karotten und Zwiebel auf einer Rohkostreibe oder mit der Küchenmaschine raspeln, Kräuter hacken und zugeben.
- Eier und Mehl unterrühren, mit Pfeffer und Salz würzen.
- Öl in einer Pfanne erhitzen, auf mittlere Temperatur reduzieren. Mit einem Löffel von der Gemüsemasse etwas abnehmen und in die Pfanne geben. Ein wenig andrücken.
- Mehrere Gemüsehäufchen auf die gleiche Weise in die Pfanne geben. Von der ersten Seite knusprig goldbraun ca. 5 Minuten braten. Dann wenden und weitere ca. 5 Minuten braten.
- Die Masse ist relativ weich und benötigt einen Moment, bis sie durchgegart ist. Daher lieber nicht auf zu hoher Hitze braten.

Zubereitung Salat

- Salat und Kräuter putzen, waschen und trocken tupfen. Salat zupfen, Kräuter fein hacken.
- Die Hälfte vom Schnittlauch unter den Ziegenkäse mischen. Aus dieser Masse mithilfe von 2 Teelöffeln (oder mit den Händen) kleine Kugeln formen.
- Senf, Essig, Gemüsebrühe und Zitronensaft verrühren, mit Pfeffer und wenig Salz würzen, das Öl zugeben und unterrühren, sodass eine cremige Vinaigrette entsteht.
- Die Vinaigrette über den Salat geben, unterheben.
- Salat und Rösti auf 2 Tellern anrichten, die Ziegenkäsekugeln auf dem Salat verteilen.

▶ **Nährwerte pro Portion**

445 kcal | 20 g E | 30 g F | 12 g KH | 1 BE | 6 g BS

Tipp

Diese Rösti können Sie auch hervorragend mit Kürbis zubereiten. Am besten den Hokkaido-Kürbis verwenden, da seine Schale, die reich ist an Carotinoiden, essbar ist.

Zucchinigratin, griechische Art

Für die Zucchinischwemme im Juli.

▸ **Für 2 Personen**

Gelingt leicht ⏱ **20 Min. plus 25 Min. Backzeit**

1 TL Rapsöl · 300 g Zucchini · 300 g aromatische Tomaten · 2 Knoblauchzehen · je 5 Stiele Oregano, Basilikum · 25 g Oliven, schwarz, ohne Stein · 25 g Oliven, grün, ohne Stein · 200 g Schafskäse · schwarzer Pfeffer · Meersalz · 2 EL Olivenöl

- Eine feuerfeste Form mit dem Rapsöl einstreichen.
- Zucchini und Tomaten waschen, putzen, in Scheiben schneiden (ca. 3 mm) und in die Auflaufform schichten.
- Die Kräuter waschen, trocken tupfen und von den Stielen zupfen, mit dem fein gehackten Knoblauch mischen und über das Gemüse streuen.
- Die Oliven in Scheiben, den Schafskäse in kleine Würfel schneiden und über das Gemüse geben.
- Mit Pfeffer und Salz würzen.
- Olivenöl darüber verteilen.
- Den Backofen auf 200 °C (Umluft 180 °C) vorheizen, den Auflauf bei 180 °C (Umluft 160 °C) ca. 25 Minuten backen, bis der Käse eine leichte Bräune erhalten hat.

▸ **Nährwerte pro Portion**

380 kcal | 29 g E | 25 g F | 6 g KH | 0,5 BE | 4 g BS

Fruchtiger Salat mit Kräuterquark

Eine zunächst ungewohnte Kombination von süßen Früchten, Salat und Kräuterquark. Unbedingt mal ausprobieren.

▶ Für 2 Personen

Gut mitzunehmen ⏲ 20 Min.

Für den Salat

100 g bunte Blattsalate · 1 Bund Rucola · 2 große Tomaten · 1 Bund Radieschen · 2 Karotten · 1 kleine Salatgurke · 10 Himbeeren · 1 Nektarine

Für das Dressing

1 EL Zitronensaft · 1 EL Himbeeressig · 1 TL Senf · Salz · Pfeffer · 2 EL Olivenöl · ½ Bund Schnittlauch · 10 Stiele glatte Petersilie

Für den Kräuterquark

200 g Magerquark · 50 ml fettarme Milch · Salz · Pfeffer · ½ Bund Schnittlauch

- Das Gemüse waschen, putzen und in Scheiben bzw. Streifen schneiden.
- Die Salatblätter waschen und zerpflücken.
- Die Kräuter kurz kalt abbrausen, trocken tupfen. Die Petersilienblättchen von den Stielen abzupfen und hacken. Schnittlauch in Röllchen schneiden.
- In einer Schüssel Zitronensaft, Himbeeressig, Gewürze und Senf verrühren. Das Öl zugeben und unterschlagen.
- Die Salatzutaten unterheben, auf 2 Teller verteilen und die Kräuter darüberstreuen.
- Die Himbeeren vorsichtig abbrausen, trocken tupfen und auf dem Salat dekorativ verteilen.
- Die Nektarine waschen, trocknen, in Spalten schneiden und rund um den Salat verteilen.
- Den Quark mit der Milch glattrühren, mit Salz und Pfeffer würzen. Schnittlauch waschen, in feine Röllchen schneiden und unter den Quark mischen. Den Schnittlauchquark zu dem Salat servieren.

▶ Nährwerte pro Portion

224 kcal | 18 g E | 8 g F | 5 g KH | 0,5 BE | 6 g BS

Bunter Salat mit gebratenem Schafskäse

Die bunten Gemüsesorten sehen nicht nur schön aus, sondern liefern auch wichtige sekundäre Pflanzenstoffe.

▶ Für 2 Personen

Gelingt leicht ⏲ 30 Min.

Für den Salat

1 kleiner Eisbergsalat · 1 Bauerngurke · 1 rote Paprikaschote 1 gelbe Paprikaschote · 75 g braune Champignons · 10 Oliven · ½ Bund Frühlingszwiebeln · 4 Stiele glatte Petersilie · ½ Bund Schnittlauch · 150 g Schafskäse, fettreduziert · 20 Kirschtomaten · 1 EL Öl

Für das Dressing

3 EL Balsamicoessig · 3 EL Gemüsebrühe · Meersalz · Pfeffer aus der Mühle · 1 TL Senf · 1 EL Olivenöl

- Salat und Gemüse waschen, trocknen, putzen und klein schneiden.
- Champignons mit Küchenkrepp reinigen und vierteln.
- Frühlingszwiebeln in feine Ringe schneiden.
- Petersilie hacken und Schnittlauch in feine Röllchen schneiden.
- Alle Zutaten in einer Schüssel miteinander vermischen.
- Für das Dressing den Essig mit der Gemüsebrühe, dem Senf, Salz und Pfeffer verrühren. Das Olivenöl zugeben und unterschlagen. So entsteht eine cremige Salatsauce.
- Das Dressing über die Salatmischung geben und vorsichtig unterheben. Auf 2 Tellern anrichten.
- Den Schafskäse längs und quer halbieren und in dem heißen Öl bei mittlerer Hitze zusammen mit den Tomaten ca. 4 Minuten braten, bis die Tomaten leicht aufplatzen.
- Zusammen mit dem Salat anrichten und servieren.

▶ Nährwerte pro Portion

430 kcal | 19 g E | 30 g F | 6 g KH | 0,5 BE | 10 g

Bunter Salat mit gebratenem Schafskäse

Asiatisches Gemüse-Curry mit Tofu

Tofu ist ideal für die bewusste Ernährung: Er ist relativ kalorienarm, enthält hochwertiges pflanzliches Eiweiß und nur wenig Fett.

Für 2 Personen
Gut mitzunehmen ⏱ 35 Min.

- 200 g Tofu
- 30 ml Sojasauce
- 30 ml Chilisauce
- 100 g Basmatireis
- 220–250 ml Gemüsebrühe
- 2 Knoblauchzehen
- 2 cm frischer Ingwer
- ½ Bund Frühlingszwiebeln
- 1 rote Paprikaschote
- 200 g Zucchini
- ¼ Bund Mangold oder Paksoi
- 200 g braune Champignons
- 50 g Sojasprossen
- 100 g Zuckerschoten
- Pfeffer, Salz
- 1 TL grüne oder rote Currypaste
- 1 EL Rapsöl
- 150 ml Gemüsebrühe
- 150 ml Kokosmilch (ungesüßt)
- 2 TL weiße Sesamsamen

- Tofu in Würfel schneiden. Soja- und Chilisauce miteinander verrühren, Tofu darin marinieren.
- Den Reis in der Gemüsebrühe garen.
- Knoblauch und Ingwer schälen und fein würfeln.
- Das Gemüse waschen und putzen.
- Frühlingszwiebeln in Ringe, Paprikaschote, Zucchini und Mangold in Streifen schneiden.
- Die Champignons mit einem Küchenkrepp säubern und, je nach Größe, vierteln oder achteln.
- Von den Zuckerschoten die Spitzen abschneiden und, wenn nötig, die Fäden ziehen.
- Zuckerschoten und Sojasprossen ca. 5 Minuten dämpfen bzw. kurz blanchieren.
- In einem Wok die Frühlingszwiebeln in dem Öl glasig dünsten, Ingwer und Knoblauch zugeben und kurz mitdünsten. Das Gemüse zugeben und anbraten.
- Mit der Currypaste und Pfeffer würzen.
- Mit der Gemüsebrühe ablöschen. Anschließend die Kokosmilch aufgießen und kurz köcheln lassen.
- Zum Schluss den Tofu mit der Marinade dazugeben und in der Sauce erwärmen.
- Wenn nötig, das Curry mit etwas Salz abschmecken.
- Das Curry auf vorgewärmten Tellern anrichten und mit dem Sesam bestreuen.

Nährwerte pro Portion
380 kcal | 24 g E | 16 g F | 20 g KH | 1,7 BE | 10 g BS

Tipp

Da Tofu geschmacksneutral ist, muss er vor der Verwendung mariniert oder gewürzt werden. Es gibt aber auch schon Tofu mit Oliven, getrockneten Tomaten oder Pesto etc. Das sind sehr schmackhafte Varianten zum sonst eher langweiligen Tofu.

Vegetarische Frikadellen auf Austernpilzen

Die Austernpilze machen aus dieser Mahlzeit ein erlesenes Gericht.

► **Für 2 Personen**

Schön für Gäste ⏲ 40 Min.

75 g Couscous · 150 ml Gemüsebrühe · 60 g Magerquark · 1 kleines Ei · 1½ EL Kichererbsenmehl · Pfeffer · Salz · ½ TL Curry · 1 Prise Cayennepfeffer · 1 Karotte · 1 Stange Bleichsellerie · 1 kleine Zucchini · ½ Bund Schnittlauch · 1 EL Rapsöl · 2 Frühlingszwiebeln · 400 g Austernpilze · 1 EL Rapsöl

- Gemüsebrühe erhitzen und Couscous darin quellen lassen. Abkühlen.
- Den Quark mit dem Ei, dem Kichererbsenmehl und den Gewürzen verrühren.
- Gemüse waschen und würfeln. Schnittlauch klein schneiden.
- Zusammen mit dem gequollenen Couscous unter den Quark rühren.
- Aus der Masse Frikadellen formen und in dem heißen Öl von beiden Seiten langsam goldgelb braten.
- Die Frühlingszwiebeln in Ringe schneiden. In dem Öl anbraten. Die Austernpilze zerteilen, putzen und für ca. 5 Minuten mitbraten. Mit Pfeffer und Salz würzen.
- Austernpilze auf 2 Teller geben, Frikadellen obenauf legen und servieren.

► **Nährwerte pro Portion**

415 kcal | 29 g E | 15 g F | 29 g KH | 2,5 BE | 11 g BS

Überbackener Blumenkohl

Auch lecker mit Brokkoli. X

▶ Für 2 Personen

Gelingt leicht ⏲ 45 Min.

600 g Blumenkohl · 1 TL Rapsöl für die Auflaufform · 150 ml Gemüsebrühe · 150 ml Milch (1,5 % Fett) · 1 TL Kartoffelstärke · 50 ml kaltes Wasser · Salz · Pfeffer · 1 Prise Muskat · Worcestershiresauce · 1 TL Senf · 2 Eigelbe · 1 EL Petersilie, gehackt · 40 g Cheddar · 40 g Edamer · 150 g Drillinge (kleine Pellkartoffeln)

- Die kleinen Pellkartoffeln in Salzwasser garen.
- Den Blumenkohl waschen, putzen. In reichlich Salzwasser bissfest garen. Abgießen, eine Auflaufform mit 1 TL Öl auspinseln und den Blumenkohl hineingeben.
- Den Backofen auf 200 °C (Umluft 180 °C) vorheizen.
- Gemüsebrühe und Milch gemeinsam erhitzen.
- Die Kartoffelstärke in dem kalten Wasser anrühren, sobald die Flüssigkeit zu kochen beginnt, die Kartoffelstärke einrühren, einmal kurz aufkochen lassen und die Hitze reduzieren.
- Den Käse reiben und darin schmelzen.
- Die Gewürze, Worcestershiresauce und Senf zugeben und abschmecken.
- Das Eigelb unterziehen.
- Die Käsesauce über den Blumenkohl geben und im Backofen goldgelb backen.
- Den Blumenkohl auf Tellern anrichten, die Pellkartoffeln rundum legen und mit der gehackten Petersilie bestreuen.

▶ Nährwerte pro Portion

410 kcal | 27 g E | 21 g F | 20 g KH | 1,7 BE | 11 g BS

Gemüse-Couscous mit Joghurt-Minzsauce

Geht flott mit Instant-Couscous.

▶ Für 2 Personen

Ideal zum Mittag ⏲ 25 Min.

125 g Couscous (Instant) · 250 ml Gemüsebrühe · 1 EL Rapsöl · 2 cm Ingwer · 1 kleine rote Zwiebel · 1 Knoblauchzehe · 100 g rote Paprikaschote · 100 g grüne Paprikaschote · 200 g Zucchini · 100 ml Gemüsebrühe · 150 g Joghurt, 1,5 % Fett · 2 EL Zitronensaft · Salz · schwarzer Pfeffer · 1 Msp. Chili, gemahlen · 1 EL gehackte frische Minze · 1 EL gehackte glatte Petersilie zum Bestreuen

- Die Gemüsebrühe aufkochen und über den Couscous gießen, verrühren und ca. 5–8 Minuten quellen lassen.
- Ingwer, Zwiebel und Knoblauch schälen und in sehr kleine Würfel schneiden.
- Paprikaschoten und Zucchini waschen, putzen und ebenfalls in kleine Würfel schneiden.
- Ingwer und Zwiebeln in dem Öl andünsten, Gemüse und Knoblauch hinzugeben, mit der Gemüsebrühe ablöschen und alles ca. 8–10 Minuten dünsten.
- Das Joghurt mit Zitronensaft, Gewürzen und Minze verrühren.
- Couscous und Gemüse vermischen und auf 2 Tellern anrichten, die Petersilie darüberstreuen und mit der Joghurt-Minzsauce servieren.

▶ Nährwerte pro Portion

315 kcal | 15 g E | 10 g F | 25 g KH | 2,5 BE | 10 g BS

Gemüse-Couscous – mein Lieblingsgericht fürs Büro. Das kann ich abends gut vorbereiten und am nächsten Mittag ist es richtig schön durchgezogen. Schmeckt dann kalt oder warm.

Wie Pasta: Wurzelgemüse mit rotem Pesto

Ein raffinierter Pasta-Ersatz. Wie wäre es als Nachtisch mit einem Dessert z.B. dem Schoko-Pancake (siehe S. 134) oder den Crêpes (siehe S. 139)?

▸ Für 2 Personen
Gelingt leicht ⏲ 35 Min.

Für das Gemüse

- 1 große Petersilienwurzel (oder Pastinake)
- 2 große Karotten
- ca. 500 ml Gemüsebrühe
- 1 EL Öl
- je 1 grüne und 1 rote Chilischote
- 1 Knoblauchzehe
- 3 Salbeiblätter
- 150 g Kirschtomaten
- frisch gemahlener schwarzer Pfeffer
- Salz

Für das Pesto

- 50 g getrocknete Tomaten
- 15 g Pinienkerne
- 1 Knoblauchzehe
- 3–4 EL Olivenöl

- Gemüsebrühe erhitzen.
- Karotten und Petersilienwurzel waschen, putzen und schälen. Dann längs in Scheiben hobeln, zum Beispiel mit dem Gemüseschäler. Es sollten eine Art Bandnudeln entstehen.
- In der sprudelnden Gemüsebrühe ca. 4–5 Minuten bissfest garen. Mit dem Schaumlöffel herausnehmen und abtropfen lassen.
- Kirschtomaten waschen, putzen und beiseite stellen.
- Die Chilischoten waschen, putzen und in feine Streifen schneiden. Knoblauch schälen und ebenfalls in feine Scheiben schneiden. Salbeiblätter waschen und trocken tupfen.
- Chili, Knoblauch und Salbei in dem Öl erwärmen und das Öl auf diese Weise aromatisieren.
- In der Zwischenzeit das Pesto bereiten: Die getrockneten Tomaten, Knoblauch und Pinienkerne pürieren. Nach und nach Olivenöl zugeben: Sie benötigen nur so viel, bis eine cremige Masse entsteht.
- Nun das aromatisierte Öl richtig erhitzen, die Gemüse-Bandnudeln und die Kirschtomaten hineingeben und einige Minuten darin braten. Mit Pfeffer und Salz würzen. Immer wieder schwenken, damit das Aromaöl sich gut verteilen kann. Wenn die Tomaten leicht aufplatzen, ist die Gemüse-Pasta fertig.
- Auf 2 vorgewärmten Tellern anrichten und mit je 1 EL rotem Pesto servieren.

▸ Nährwerte pro Portion
410 kcal | 27 g E | 21 g F | 20 g KH | 1,7 BE | 11 g BS

Tipp

Das Pesto können Sie gut bis zu einer Woche aufbewahren, indem Sie es mit etwas Öl bedecken und zugedeckt oder in einem Schraubglas in den Kühlschrank stellen.

Quinoa-Ratatouille mit Räuchertofu

Quinoa ist nicht nur mineralstoffreich, sondern hat auch einen hohen Kohlenhydratgehalt, daher am besten mittags essen.

Für 2 Personen

Gut mitzunehmen 45 Min.

80 g Quinoa · 200 ml Gemüsebrühe · 2 Frühlingszwiebeln · 3 cm Ingwerwurzel · 150 g Karotten · 2 Stangen Bleichsellerie · 150 g Zucchini · 1 rote Paprikaschote · 1 EL Rapsöl · 100 ml Gemüsebrühe · frischer schwarzer Pfeffer · Salz · Curry · Kurkuma · Kreuzkümmel · 200 g Räuchertofu · 1 EL Rapsöl · Tomatensauce (Rezept siehe S. 71)

- Quinoa in der Gemüsebrühe kurz aufkochen und dann mit geschlossenem Deckel ca. 25 Minuten bei kleiner Hitze köcheln lassen. Platte ausschalten und noch einmal für ca. 5 Minuten quellen lassen.
- Das Gemüse waschen und putzen.
- Frühlingszwiebeln in Ringe schneiden.
- Ingwer und Karotten schälen. Ingwer fein würfeln. Karotten, Zucchini und Paprikaschote würfeln.
- Bleichsellerie in Stücke schneiden.
- Das Öl erhitzen, Ingwer und Curry in das Öl einrühren, das Gemüse zugeben und dünsten.
- Mit der Gemüsebrühe angießen. Deckel schließen und ca. 8 Minuten dünsten.
- Mit den Gewürzen abschmecken.
- Anschließend das Gemüse mit dem Quinoa vermengen.
- Den Tofu in ca. 0,5 cm dicke Scheiben schneiden und in dem Öl kurz von beiden Seiten anbraten.
- Quinoa und gebratenen Tofu auf 2 Tellern mit der Tomatensauce anrichten.

Nährwerte pro Portion

480 kcal | 22 g E | 20 g F | 26 g KH | 2,2 BE | 10 g BS

Amaranth-Gemüse-Topf

Reich an essenziellen Amino- und Fettsäuren sowie Mineralstoffen ist Amaranth echtes Brainfood.

Für 2 Personen

Gut mitzunehmen 40 Min.

100 g Frühlingszwiebeln · 2 Knoblauchzehen · 1 EL Rapsöl · 75 g Amaranth · 250 ml Gemüsebrühe · 150 g Karotten · 150 g Kohlrabi · 250 g Brokkoli · frisch gemahlener schwarzer Pfeffer · Salz · 1 EL Zitronensaft · 1 EL Olivenöl · ½ Bund glatte Petersilie · 40 g Parmesan, gerieben

- Frühlingszwiebeln waschen, putzen und in feine Ringe schneiden. Knoblauch schälen und in feine Würfel schneiden. Das Öl in einem Topf erhitzen, Frühlingszwiebeln und Knoblauch darin glasig dünsten.
- Amaranth zugeben, kurz unterrühren, mit der Gemüsebrühe aufgießen. Bei kleiner Flamme mit geschlossenem Deckel 20 Minuten köcheln lassen.
- In der Zwischenzeit das Gemüse waschen und putzen. Kohlrabi und Karotten in Würfel schneiden, Brokkoli in kleine Röschen teilen. Nach den ersten 20 Minuten Garzeit das Gemüse zu dem Amaranth geben, unterheben und ca. 10 Minuten mitdünsten lassen. Das Gemüse sollte noch bissfest sein.
- Mit Pfeffer und Salz würzen, Zitronensaft und Olivenöl unterheben.
- Die Petersilie waschen, trocken tupfen, Blättchen abzupfen, hacken und mit der Hälfte vom Parmesan ebenfalls unterheben.
- Servieren und mit dem restlichen Parmesan bestreuen.

Nährwerte pro Portion

420 kcal | 23 g E | 20 g F | 21 g KH | 1,7 BE | 13 g BS

Amaranth-Gemüse-Topf

Mediterranes Ofengemüse mit Quarkdip

Das Garen im Ofen ist eine ideale fettarme Zubereitungsart.

▶ Für 2 Personen

Gelingt leicht ⏲ 15 Min. plus 20 Min. Backzeit

1 EL Rosmarinnadeln · ½ Bund Oregano · 3 EL Rapsöl · 200 g kleine Kartoffeln (Drillinge), vorwiegend festkochend · 1 große Karotte · 1 Aubergine · 1 Zucchini (mittelgroß) · 1 rote Paprikaschote · 250 g Kirschtomaten · 1 mittelgroße Zwiebel · 5 Knoblauchzehen · schwarzer Pfeffer · grobes Meersalz · 200 g Magerquark · 50–75 ml Mineralwasser mit Kohlensäure · 1 Prise Paprikapulver · 6 Stiele Petersilie · Schnittlauch

- Ein Backblech mit Backpapier auslegen. Den Backofen auf 180 °C (Umluft 160 °C) vorheizen.
- Oreganoblättchen und Rosmarinnadeln grob hacken, mit dem Rapsöl, Pfeffer und Salz vermischen.
- Die Kartoffeln waschen, halbieren und mit der Schnittseite auf einem Viertel des Backblechs verteilen.
- Das Gemüse waschen, putzen und in ca. 1 cm dicke Scheiben schneiden, Paprikaschoten achteln. Die Zwiebel schälen und achteln.
- Die Gemüse mit dem Kräuteröl vermischen und auf das Backblech legen. Das restliche Öl über die Kartoffeln träufeln.
- Knoblauch in der Schale ebenfalls auf dem Backblech verteilen und das Ganze ca. 20 Minuten im Ofen garen.
- In der Zwischenzeit den Quarkdip herstellen: Die Kräuter waschen und klein schneiden. Den Quark mit dem Mineralwasser glattrühren, mit Pfeffer, Paprika und Salz würzen, die Kräuter unterrühren.
- Zusammen mit Gemüse und Kartoffeln vom Blech anrichten und servieren.

▶ Nährwerte pro Portion

450 kcal | 23 g E | 21 g F | 18 g KH | 1,5 BE | 12 g BS

Indische Reispfanne

Statt Kokosmilch können Sie auch ein Gemisch aus Milch und Gemüsebrühe verwenden.

▶ Für 2 Personen

Ideal zum Mittag ⏲ 40 Min.

100 g Sojaschnetzel · 200 ml Gemüsebrühe · 80 g Basmatireis · 200 ml Gemüsebrühe · 200 g Okraschoten · 2 Frühlingszwiebeln · 2–3 cm Ingwerwurzel · 1 Knoblauchzehe · 100 g Karotten · 2 Stangen Sellerie · Pfeffer · Salz · 1 EL Rapsöl · Kurkuma · Curry · Chili · 200 ml Kokosmilch, ungesüßt · 3 Stiele frischer Koriander · 6 Stiele Blattpetersilie

- Die Sojaschnetzel, laut Packungsanleitung, in 200 ml heißer Gemüsebrühe einweichen.
- Den Reis in der Gemüsebrühe garen.
- Das Gemüse waschen und putzen. Die Okraschoten, sofern sie groß sind, halbieren. Sind sie so groß wie ein kleiner Finger, nicht mehr halbieren. Die Okraschoten in kochendem Salzwasser kurz blanchieren und abgießen.
- Die Frühlingszwiebeln in Ringe schneiden. Ingwer, Knoblauch und Karotten schälen und in Würfel schneiden. Stangensellerie in Stücke schneiden.
- Das Öl in einer tiefen Pfanne erhitzen, die Gewürze einrühren und kurz erwärmen. Die Sojaschnetzel in dem gewürzten Öl knusprig braten. Zuerst die Frühlingszwiebeln zugeben und anbraten, dann das restliche Gemüse mit anbraten. Mit der Kokosmilch aufgießen und ca. 5–8 Minuten köcheln lassen.
- Die Kräuterblättchen von den Stielen zupfen und hacken.
- Das Soja-Gemüse mit dem Reis auf 2 vorgewärmten Tellern anrichten, mit den gehackten Kräutern bestreuen und servieren.

▶ Nährwerte pro Portion

435 kcal | 36 g E | 9 g F | 33 g KH | 2,8 BE | 8 g BS

Orientalisches Linsengemüse mit Ingwer-Joghurt-Sauce

Wenn Sie Linsen bisher nur als langweiligen Eintopf kennen, probieren Sie unbedingt dieses Rezept aus.

- Die Zwiebel schälen und fein schneiden, in dem Öl leicht glasig dünsten, die Linsen verlesen und dazugeben. Alles kurz miteinander vermengen, mit der Gemüsebrühe aufgießen und ca. 15 Minuten köcheln lassen. Ab und zu umrühren.
- Sobald die Linsen gar sind, abgießen und den Sud (falls noch vorhanden), auffangen.
- Das Gemüse waschen, putzen und in Würfel schneiden.
- Das Öl in einem Topf erhitzen, Curry zugeben und kurz anbraten, das Gemüse zugeben und anbraten.
- Knoblauch schälen, würfeln und zufügen, mit den restlichen Gewürzen abschmecken.
- Mit der Gemüsebrühe ablöschen.
- Alles kurz dünsten. Wenn nötig, mit etwas Salz abschmecken.
- Für die Joghurtsauce Joghurt und Sauerrahm miteinander verrühren, mit dem Salz würzen. Ingwer schälen und pressen oder sehr fein schneiden und unterrühren. Die Zitronenmelisse waschen, trocken tupfen, fein hacken und ebenfalls unterrühren.
- Nun die Linsen mit der Gemüsemischung vorsichtig vermengen, auf 2 Teller verteilen und servieren.
- Die Petersilie waschen, trocken tupfen, hacken und über das Linsen-Gemüse streuen.
- Die Joghurt-Ingwer-Sauce dazureichen.

► **Nährwerte pro Portion**
365 kcal | 19 g E | 14 g F | 18 g KH | 1,5 BE | 15 g BS

► **Für 2 Personen**
Gelingt leicht ⏲ 35 Min.

80 g rote Linsen
1 Zwiebel
1 EL Rapsöl
160–200 ml Gemüsebrühe
600 g frisches Gemüse nach Saison (z. B. Zucchini, Lauch, Möhren, Paprika, Kohlrabi, Sellerie)
2 Knoblauchzehen, durch die Presse drücken oder klein schneiden
1 EL Rapsöl
1 TL Curry
Je 1 Prise Kurkuma, Kreuzkümmel und gemahlener Koriander
200 ml Gemüsebrühe
schwarzer Pfeffer
150 g Naturjoghurt, 1,5 % Fett
2 EL Sauerrahm 10 % Fett
Salz
2 cm Ingwer
2 Stiele Zitronenmelisse
½ Bund Blattpetersilie

» Dieses Gericht ist mein ganz besonderes Soul-Food. Ich mag die ungewöhnliche Kombination aus Linsen, Gemüse und den indischen Gewürzen sehr. Und der fruchtige Ingwer soll ja ein richtiger Stoffwechsel-Anheizer sein. Gerade am Abend wärmt mich dieses Essen schön, füllt herrlich meinen Magen – ich entspanne mich und gleite sanft in einen tiefen Schlaf. Überhaupt schlafe ich während der Almased-Diät ganz besonders gut – wie machen die das nur???

Lammfilet mit Kürbissteak und Zucchinipüree

Ein wunderbares Sonntagsessen zum ausgiebigen Genießen.

- Die Lammfilets kalt abspülen, trocken tupfen und in einen tiefen Teller legen.
- Das Öl mit Pfeffer verrühren. Die Rosmarinnadeln hacken und unterrühren. Knoblauch schälen und in das Öl pressen. Alles miteinander verrühren, über das Fleisch geben und ca. 30 Minuten ziehen lassen.
- Die Kartoffel schälen, Zucchini waschen; beides in Würfel schneiden.
- In einen Topf Gemüsebrühe einfüllen, sodass der Boden bedeckt ist. Erhitzen und die Kartoffelstücke darin ca. 10 Minuten köcheln. Zucchiniwürfel zugeben, mit Salz und Pfeffer würzen, Deckel schließen und für weitere 8–10 Minuten garen.
- Die restliche Gemüsebrühe abgießen und Zucchini und Kartoffeln pürieren.
- Mit Pfeffer, Salz und geriebener Muskatnuss abschmecken und warm stellen.
- Den Kürbis waschen, schälen und die Kerne und Fasern entfernen. Mit Pfeffer und Salz würzen, Öl in einer Pfanne erhitzen, die roten Pfefferkörner zugeben, die Kürbisscheiben langsam von beiden Seiten darin braten, ca. 10 Minuten.
- Den Backofen auf 150 °C (Umluft 130 °C) vorheizen. Nun etwas von dem Öl, in das die Lammfilets eingelegt sind, in eine Pfanne geben, erhitzen und die Lammfilets von beiden Seiten ca. 3 Minuten anbraten. In eine feuerfeste Form geben und für ca. 8–10 Minuten im Backofen nachgaren. Danach noch etwas ruhen lassen.
- Anschließend die Lammfilets mit den Kürbissteaks und dem Zucchinipüree auf 2 vorgewärmten Tellern anrichten und servieren.

▶ Nährwerte pro Portion

510 kcal | 46 g E | 19 g F | 13 g KH | 1,1 BE | 8 g BS

▶ Für 2 Personen

Braucht etwas mehr Zeit 1 Std.

2 Lammfilets oder Lammlachse
1,5 EL Rapsöl
½ EL Rosmarinnadeln
2 Knoblauchzehen
2 Scheiben Muskatkürbis
Salz
1 TL rote Pfefferkörner
1 EL Rapsöl
1 Kartoffel
2 Zucchini
frisch gemahlener schwarzer Pfeffer
Salz
Muskat

Scharfes Gulasch

Perfekt für eine Party oder auch einfach so als würziges Abendessen für Zuhause.

Für 2 Personen

Gut mitzunehmen 45 Min.

280 g Schweinefleisch · frischer schwarzer Pfeffer · 1 Msp. Cayennepfeffer · ½ TL Paprikapulver, scharf · ½ TL Curry · je 1 Msp. Ingwerpulver, Kardamom und Kreuzkümmel · 1 kleine Chilischote · 1 EL Rapsöl · 1 große Zwiebel (120 g) · 2 Knoblauchzehen · 1 EL Tomatenmark · 300–350 ml Fleischbrühe · 1 rote Paprikaschote · 1 grüne Paprikaschote · 200 g Kartoffeln · 200 g Tomaten aus der Dose · 2 Zweige Thymian

- Das Fleisch kalt abspülen, trocken tupfen und in ca. 2 cm große Würfel schneiden.
- Die Gewürze in das Rapsöl einrühren, Chilischoten in feine Ringe schneiden und dazugeben. Das Fleisch darin gut wenden und einen Moment ziehen lassen.
- In der Zwischenzeit die Zwiebel und den Knoblauch schälen und in Würfel schneiden.
- Die Paprikaschoten waschen und putzen. Paprikaschoten in gleich große Stücke wie das Fleisch schneiden.
- Die Kartoffeln waschen, schälen und ebenfalls in Würfel schneiden.
- Nun das marinierte Fleisch in einem Topf rundum gut anbraten, Zwiebeln, Knoblauch und Tomatenmark zugeben und kurz mitbraten.
- Kartoffeln und Paprikaschoten zu dem Fleisch geben und ebenfalls kurz mitbraten.
- Die Dosentomaten unterheben, mit der Fleischbrühe ablöschen.
- Anschließend die Thymianzweige in das Gulasch legen, den Deckel schließen und ca. 30 Minuten garen lassen.

Nährwerte pro Portion

455 kcal | 38 g E | 19 g F | 17 g KH | 1,4 BE | 8 g BS

Kalbsfilet mit Topinamburpüree und Brokkoli

Ein sehr feines Gericht für sonntags oder wenn Gäste kommen.

Für 2 Personen

Gelingt leicht 45 Min.

360 g Kalbsfilet · 1 EL Rapsöl · frisch gemahlener schwarzer Pfeffer · Salz · 400 g Topinambur · 200 ml Gemüsebrühe · 1 TL Butter · 500 g Brokkoli

- Den Backofen auf 200 °C vorheizen. Das Fleisch von den Sehnen befreien, rundherum mit Pfeffer einreiben.
- Das Öl in eine Pfanne geben und das Fleisch darin von allen Seiten ca. 2 Minuten anbraten. Anschließend das Fleisch salzen und die Pfanne mit dem Fleisch in den Backofen stellen.
- Bei ca. 120 °C ungefähr 10 Minuten fertig garen. Das Fleisch sollte innen rosa bleiben. Ofen ausschalten, das Fleisch mit Alufolie abdecken und noch ca. 5 Minuten ruhen lassen.
- Topinambur schälen, in Stücke schneiden und in der Gemüsebrühe ca. 20 Minuten garen. Die Gemüsebrühe abgießen und auffangen. Topinambur mit der Butter pürieren, evtl. etwas von der Brühe zugeben, mit Pfeffer und Salz würzen und warm stellen.
- Brokkoli waschen, putzen, die Röschen abteilen und dünsten oder dämpfen. Nach dem Garvorgang mit kaltem Wasser abschrecken. So bleibt die grüne Farbe erhalten. Kurz vor dem Servieren noch einmal in einer Pfanne mit ein wenig Öl erwärmen.
- Das Fleisch in dicke Scheiben schneiden, auf vorgewärmten Tellern anrichten, Püree und Brokkoli ebenfalls anrichten, etwas von dem Bratensaft über das Fleisch geben und servieren.

Nährwerte pro Portion

425 kcal | 58 g E | 13 g F | 10 g KH | 0,8 BE | 28 g

Oliven-Hähnchenschnitzel auf Blattspinat

So erhalten die fettarmen Hähnchenschnitzel einen mediterranen Touch.

- Die Zwiebel schälen und würfeln, in dem Öl glasig dünsten. Den Spinat und die Gewürze zugeben. Den Deckel schließen und den Spinat auf diese Weise vorsichtig auftauen und garen. Ab und zu umrühren.
- Knoblauch schälen und zusammen mit den Oliven, getrockneten Tomaten und Öl mit dem Pürierstab grob zerkleinern.
- Eine Pfanne mit Rapsöl einpinseln, erhitzen und die Hähnchenschnitzel darin von beiden Seiten anbraten. Geflügelbrühe angießen, die Oliven-Tomaten-Paste einrühren. Für ca. 5 Minuten die Hähnchenschnitzel darin ziehen lassen.
- Den Spinat noch einmal abschmecken, auf vorgewärmten Tellern anrichten, die Hähnchenschnitzel darauflegen, die Oliven-Tomaten-Paste rundherum träufeln.

▶ Nährwerte pro Portion

370 kcal | 47 g E | 16 g F | 2 g KH | 0,2 BE | 7 g BS

▶ Für 2 Personen

Gelingt leicht ⏲ 1 Std.

1 Zwiebel
1 TL Rapsöl
500 g Blattspinat (tiefgefroren)
Muskat, Pfeffer, Salz
2 Knoblauchzehen
je 6 grüne und schwarze Oliven ohne Stein
3 getrocknete Tomaten
1 EL Olivenöl
360 g Hähnchenschnitzel
1 TL Rapsöl
100 ml Geflügelbrühe

Wirsingrouladen mit Sellerie-Kartoffel-Püree

Ein herzhaftes Winteressen, das an Großmutters Zeiten erinnert und ein wenig Geschick erfordert.

- Die Wirsingblätter in sprudelndem Salzwasser blanchieren, kalt abspülen, abtropfen lassen und den Strunk herausschneiden.
- Hackfleisch mit Ei vermengen. Die Zwiebel schälen und fein würfeln. Zusammen mit den Gewürzen unter das Fleisch heben.
- Die Kräuter waschen und trocken tupfen. Petersilienblättchen von den Stielen zupfen und fein hacken. Schnittlauch in feine Röllchen schneiden. Die Kräuter unter die Fleischmasse geben.
- Die Wirsingblätter mit der Maserung nach innen auf ein Arbeitsbrett legen, mit der Fleischmasse belegen. Den Wirsing einschlagen, sodass alle Seiten gut verschlossen sind, und mit dem Bindfaden zubinden.
- Backofen auf 180 °C (Umluft 160 °C) vorheizen.
- Das Öl in einer feuerfesten Pfanne/Topf erhitzen, die Wirsingrouladen von allen Seiten kurz anbraten, den Kalbsfond angießen, die Kräuter zugeben. Den Knoblauch in der Schale kurz andrücken und ebenfalls zugeben. Deckel schließen und im Backofen bei 160 °C ca. 20 Minuten garen.
- Sellerie und Kartoffeln schälen, in Würfel schneiden und in der Gemüsebrühe garen. Abgießen und pürieren. 1 EL Crème légère unterziehen. Mit Pfeffer und Salz würzen, mit Muskat fein abschmecken.
- Die Wirsingroulade mit dem Sellerie-Kartoffel-Püree auf 2 vorgewärmten Tellern anrichten. Den Kalbsfond ohne Kräuter angießen und servieren.

▶ **Nährwerte pro Portion**
450 kcal | 53 g E | 19 g F | 13 g KH | 1 BE | 10 g BS

▶ **Für 2 Personen**
Braucht etwas mehr Zeit
55 Min.

2	große Wirsingblätter (200 g)
350 g	Rinderhackfleisch
1	Ei
1	Zwiebel
	frisch gemahlener schwarzer Pfeffer, Salz
3 Stiele	glatte Petersilie
1/4 Bund	Schnittlauch
	Bindfaden
1 1/2 EL	Öl
200 ml	brauner Kalbsfond
4	Knoblauchzehen
1 Stiel	Rosmarin
2 Zweige	Thymian
2	Salbeiblättchen
300 g	Knollensellerie
100 g	Kartoffeln
150 ml	Gemüsebrühe
1 EL	Crème légère
1 Prise	Muskatnuss

Wirsing und Sellerie, beides springt mir im Supermarkt oder im Bioladen im Winter geradezu entgegen. Wie schön, denn immer nach Weihnachten lege ich eine „Schlemmerpause“ mit Almased ein – und da kommt dieses wärmende Gericht öfter bei mir auf den Tisch. Ist doch klar, dass ich Dominosteine, Stollen, Weihnachtsgans und Silvestersekt in vollen Zügen genießen möchte. Und das ist auch kein Problem, denn nach zwei bis vier Wochen mit Almased sind die gröbsten Feiertagssünden einfach nicht mehr zu sehen.

Tatar mit Spiegelei

Verwenden Sie bitte nur einwandfreies, frisches Rinderhack.

▶ **Für 2 Personen**

Gelingt leicht ⏲ 20 Min.

240 g Tatar · 2 Eigelbe · 1 TL scharfer Senf · frisch gemahlener schwarzer Pfeffer · Salz · 3 Schalotten · 4 Salatblätter · 2 Gewürzgurken · 2 TL Kapern · 1 TL Paprikapulver, edelsüß · 2 Eier · 1 EL Rapsöl · 6 Stiele Schnittlauch, klein geschnitten

- Das Tatar in eine Schüssel geben, das Eigelb unterheben. Mit Senf, Pfeffer und Salz würzen.
- Die Schalotten schälen und in feine Würfel schneiden; ⅔ davon in die Fleischmasse geben.
- Die Salatblätter waschen, trocken tupfen und auf 2 Teller legen.
- Aus dem Tatar 2 Fleischpflanzerl formen und auf die Salatblätter legen. Die Gewürzgurken in Fächer schneiden und dazulegen.
- Nun die restlichen Schalotten, die Kapern und das Paprikapulver in kleinen Häufchen ebenfalls dekorativ auf den Tellern verteilen.
- In einer Pfanne das Öl erhitzen und die Spiegeleier darin braten, pfeffern und salzen, auf die Salatblätter geben und mit Schnittlauch bestreuen.

▶ **Nährwerte pro Portion**

380 kcal | 44 g E | 20 g F | 0 g KH | 0 BE | 1 g BS

Irish Stew

Deftiger Eintopf für kalte Wintertage.

▶ **Für 2 Personen**

Gut mitzunehmen ⏲ 55 Min.

240 g Lammfleisch a. d. Schulter · 1 EL Rapsöl · 1 Zwiebel · 400 ml Fleischbrühe · 150 g Karotten · 250 g Bohnen · 100 g Weißkohl · 100 g Kartoffeln · Salz · Pfeffer · ½ TL Kümmel · 1 Lorbeerblatt · 1 TL Bohnenkraut · 2 EL gehackte Petersilie

- Das Fleisch kalt abspülen, trocken tupfen und in ca. 2 cm große Würfel schneiden.
- In dem Öl anbraten, die Zwiebel schälen, würfeln, zugeben und mitbraten. Mit der Hälfte der Fleischbrühe angießen und köcheln lassen.
- In der Zwischenzeit das Gemüse waschen, putzen und in Scheiben bzw. Streifen schneiden.
- Die Kartoffeln schälen und würfeln.
- Gemüse und Kartoffeln nun ebenfalls in den Topf geben und unterheben.
- Kümmel, Lorbeerblatt, Bohnenkraut, Salz, Pfeffer zugeben. Mit der restlichen Fleischbrühe aufgießen.
- Den Topf verschließen und bei kleiner Hitze ca. 30–40 Minuten garen.
- Auf 2 Teller füllen, mit der gehackten Petersilie bestreuen und servieren.

▶ **Nährwerte pro Portion**

401 kcal | 38 g E | 18 g F | 9 g KH | 0,9 BE | 7 g BS

Chili con Carne mit Reishütchen

Wenn Sie es feurig mögen, geben Sie mehr Chili hinzu.

▶ **Für 2 Personen**

Gut mitzunehmen ⏲ 35 Min.

80 g Naturreis · 240 ml Gemüsebrühe 1 große rote Zwiebel · 2 Knoblauchzehen · 3 Paprikaschoten (rot, grün, gelb) · 2 Chilischoten · 160 g Rinderhackfleisch · 1 EL Rapsöl · 1 EL Tomatenmark · 150 ml Fleischbrühe · 160 g Tomaten aus der Dose · 120 g Kidneybohnen aus der Dose, abgetropft · 1 kleine Dose Mais, abgetropft 1 Msp. Cayennepfeffer · Pfeffer · Salz

- Den Reis in Gemüsebrühe garen.
- Zwiebel und Knoblauch schälen und fein würfeln. Paprikaschoten würfeln, Chilischoten entkernen und in feine Streifen schneiden.
- In einem Topf das Hackfleisch in Öl anbraten, Zwiebeln und Knoblauch zugeben, mit anbraten.
- Tomatenmark zugeben und mitbraten. Mit der Fleischbrühe ablöschen. Den Bratensatz lösen.
- Die Paprikaschoten, Chilischoten, Kidneybohnen, Mais und Tomaten unterheben und ca. 15 Minuten bei mittlerer Hitze köcheln lassen.
- Mit den Gewürzen pikant abschmecken.
- Das Chili mit je einem Reishütchen in vorgewärmten Schalen anrichten

▶ **Nährwerte pro Portion**

475 kcal | 35 g E | 18 g F | 26 g KH | 2,2 BE | 14 g BS

Vitello Tonnato

Eine delikate Spezialität aus dem Piemont.

▸ **Für 2 Personen**

Gelingt leicht ⏲ 30 Min.

250 g Kalbsbraten in feinen Scheiben · 2 Salatherzchen · 200 g Kirschtomaten · 1 TL Rapsöl · Pfeffer · Salz · 1 TL Zitronensaft · 1 TL Essig · 1 EL Olivenöl · 2 EL Joghurt (1,5 % Fett) · 2 EL saure Sahne · 1 TL Zitronensaft · 1 EL Olivenöl · 80 g Thunfisch (in Wasser aus der Dose) · 2 Sardellenfilets aus dem Glas · 2 EL Kapern · 60 g Vollkornbaguette

- Die Salatblätter waschen und auf einer Platte anrichten.
- Zitronensaft, Essig, Pfeffer und Salz miteinander verrühren; das Olivenöl unterschlagen. Das Dressing über den Salat träufeln.
- Die Kirschtomaten waschen, das Rapsöl in einer Pfanne erhitzen, die Kirschtomaten darin ca. 5 Minuten anbraten, bis sie leicht aufplatzen, mit Salz und Pfeffer würzen und auf den Salatblättern platzieren. Die Bratenscheiben dazudrapieren.
- Für die Thunfischcreme alle Zutaten im Mixer kurz vermischen, mit Salz und Pfeffer würzen und über das Fleisch geben.
- Mit dem Baguette servieren.

▸ **Nährwerte pro Portion**

455 kcal | 50 g E | 18 g F | 17 g KH | 1,4 BE | 4 g BS

Lammkarree mit Ratatouille

Ein Sonntagsessen, aufgrund der vielen Zubereitungsschritte und Garzeiten etwas zeitaufwendiger, aber es lohnt sich.

▶ **Für 2 Personen**

Schön für Gäste ⏲ 1 Std.

Lammkarree mit insgesamt 8 Rippenknochen
Salz, schwarzer Pfeffer
1 EL Rapsöl
6 Knoblauchzehen
2 Thymianzweige
1 Rosmarinzweig
280 g sehr kleine Kartoffeln (festkochend)
6 Salbeiblätter
1 Zweig Rosmarin

Für das Ratatouille

1 rote Zwiebel
2 Knoblauchzehen
200 g Zucchini
230 g Auberginen
180 g gelbe Paprikaschote
250 g Tomaten
1 EL Rapsöl
100 g Tomatenpüree
Salz, Pfeffer, Cayennepfeffer

- Lammkarree mit Salz und Pfeffer würzen und zusammen mit den Kräutern und Knoblauch in dem Rapsöl rundum anbraten.
- Die Kartoffeln waschen und sauber bürsten.
- Kartoffeln, Salbei und den frischen Rosmarin in der Pfanne um das Fleisch herum verteilen und mit Salz und Pfeffer würzen.
- Im vorgeheizten Backofen bei 150 °C ca. 15–20 Minuten garen.
- Das Fleisch herausnehmen, in Folie wickeln, warm stellen und ruhen lassen.
- Die Kartoffeln bei ca. 160 °C weitere 5–10 Minuten garen.
- Für das Ratatouille: Zwiebeln und Knoblauch schälen und würfeln.
- Das Gemüse waschen, putzen und in kleine Würfel schneiden.
- Alle Zutaten in dem heißen Rapsöl anschwitzen, das Tomatenpüree angießen und bei kleiner Hitze ca. 8–10 Minuten köcheln lassen. Gelegentlich umrühren. Danach würzen und abschmecken.
- Die Kräuterzweige aus der Pfanne entfernen, das Lammkarree aus der Folie nehmen und zwischen den Rippenknochen durchschneiden.
- Pro Person 4 Rippchen mit dem Ratatouille und den Kartoffeln auf vorgewärmten Tellern anrichten.

▶ **Nährwerte pro Portion**

510 kcal | 40 g E | 25 g F | 15 g KH | 1,3 BE | 9 g BS

Das ist eines meiner Lieblingsgerichte, wenn ich Freunde einlade. Die Lammkarrees machen wirklich was her – ein edles und superleckeres Essen, das aber trotzdem leicht gelingt. Und keiner meiner Gäste merkt, dass ich gerade „auf Diät“ bin (okay, ein paar der Mädels sind eingeweiht ...). Wenn es ein Glas Rotwein zu viel geworden ist – der schmeckt einfach so lecker zum Lamm – dann lege ich sofort wieder einen Tag „Startphase“ mit 3 statt 2 Shakes ein und bügle das sofort wieder aus.

Chicken Tikka – scharfes Hühnchen mit Gewürzreis

Leckeres indisches Gericht – ideal fürs Wochenende, denn Sie müssen schon einige Stunden vor der Essenszeit zum Marinieren des Fleisches in die Küche.

▶ **Für 2 Personen**
Ideal zum Mittag ⏲ 40 Min.
plus 2 Std. Marinierzeit

250 g	Hähnchenbrustfilet
	Für die Marinade
100 g	Joghurt (1,5 % Fett)
2 EL	Zitronensaft
1 EL	Tomatenmark
je ½ TL	Curry und Garam Masala
1 TL	Paprikapulver, edelsüß
90 g	Basmatireis
1 TL	Öl
je ¼ TL	Koriander-, Fenchel- und Senfsaat
160–180	ml Gemüsebrühe
1	Zwiebel
2	Knoblauchzehen
1	rote Paprikaschote
1	gelbe Paprikaschote
2	große Tomaten
1 EL	Rapsöl
1 EL	Tandooripaste
100 ml	Tomatensaft
100 ml	Kokosmilch
1 TL	frischer Koriander
1 TL	frische Minze
	Salz, Pfeffer

- Aus Joghurt, Zitronensaft, Tomatenmark und den Gewürzen eine Marinade bereiten.
- Das Fleisch kalt abspülen, mit Küchenpapier trocken tupfen, in ca. 1 cm große Stücke schneiden und für ca. 2 Stunden in der Marinade (zugedeckt und im Kühlschrank) einlegen.
- Für den Reis das Öl in einem Topf erwärmen, die Gewürzsaaten zugeben und in dem Öl erwärmen, bis es duftet. Den Reis zugeben, darin wenden, mit der Gemüsebrühe aufgießen und den Reis darin garen.
- Zwiebel und Knoblauch schälen und fein würfeln.
- Paprikaschoten und Tomaten waschen, putzen und in Würfel schneiden.
- Das Öl in einem Topf oder einer etwas tieferen Pfanne (oder in einem Wok) erhitzen, die Zwiebel glasig dünsten, die Tandooripaste, Knoblauch und Paprikagemüse zugeben und kurz mitdünsten.
- Das eingelegte Fleisch samt Joghurtmarinade unterheben und ca. 5 Minuten unter Rühren garen.
- Tomaten, Tomatensaft und Kräuter dazugeben, mit der Kokosmilch auffüllen und alles für weitere 5 Minuten bei kleiner Hitze köcheln.
- Das Chicken Tikka mit dem Reis anrichten und servieren.

▶ **Nährwerte pro Portion**
382 kcal | 36 g E | 8 g F | 30 g KH | 2,5 BE | 5 g BS

Tipp

Mit dem Chicken Tikka bringen Sie Ihren Stoffwechsel richtig in Schwung. Denn die Kombination aus Gewürzen, Saaten und Kräutern heizt schön ein. Also ein köstliches Gericht, das Sie besonders gut beim Abnehmen unterstützt. Übrigens kurbeln die ätherischen Öle und sekundären Pflanzenstoffe auch die Verdauung an.

Gefüllte Paprika mit Topinambur-Püree

Raffinierte Füllung mit Lammgehacktem.

▸ **Für 2 Personen**

Gelingt leicht ⏲ 45 Min.

2 Paprikaschoten (rot, gelb) · 200 g Lammgehacktes · 50 g Magerquark · 1 Knoblauchzehe · 1 Zwiebel · 1 TL scharfe Paprikapaste · Salz · 1 EL Rapsöl · 150 ml Fleischfond · 2 Salbeiblätter · 1 Rosmarinzweig · 2 Thymianzweige · 250 g Topinambur · 200 ml Gemüsebrühe · 2 Blätter Bärlauch · 1 EL Crème légère

- Die Paprikaschoten waschen, halbieren und Kerne entfernen.
- Hack, Quark, fein gewürfelte Zwiebel, Knoblauch, Paprikapaste und Salz vermengen.
- Den Backofen auf 180 °C (Umluft 160 °C) vorheizen.
- Hackmasse in die Paprikahälften füllen. Das Öl in einer tiefen Pfanne erhitzen, die Paprikaschoten einsetzen und anbraten. Mit dem Fleischfond ablöschen, alle Kräuter in den Fond legen. Im Backofen ca. 20–25 Minuten garen.
- Derweil den Topinambur schälen, würfeln und in der Gemüsebrühe garen, danach abgießen und pürieren, fein gehackten Bärlauch und Crème légère unterziehen. Mit den Paprikaschoten servieren.

▸ **Nährwerte pro Portion**

405 kcal | 38 g E | 18 g F | 7 g KH | 0,6 BE | 22 g BS

Schweinefilet mit Spitzkohl

Eine leichtere, aber dennoch herzhafte Variante, Spitzkohl zuzubereiten.

▶ Für 2 Personen

Gelingt leicht ⏲ 35 Min.

300 g Schweinefilet · 1½ EL Rapsöl · 2 rote Zwiebeln · 1 Dose Tomatenwürfel (300 g) · Thymian · Rosmarin · Pfeffer · Salz · 1 Spitzkohl (400 g) · 1 Karotte · 2 mittelgroße Kartoffeln (150 g) · 10 g Butter · 50 g magerer Speck · 100 ml Gemüsefond

- Backofen auf 180 °C (Umluft 160 °C) vorheizen.
- Das Fleisch in dem Öl von allen Seiten gut anbraten; in eine feuerfeste Form legen.
- Die gehackten Zwiebeln im restlichen Öl anbraten, mit den Dosentomaten ablöschen und leicht köcheln. Thymian und Rosmarin zugeben. Mit Pfeffer und Salz würzen.
- Das Fleisch ebenfalls salzen und pfeffern, die Sauce zum Filet geben und im Ofen ca. 20 Minuten garen.
- In der Zwischenzeit das Gemüse waschen, putzen und klein schneiden.
- Die Butter in einem Topf schmelzen, den gewürfelten Speck leicht anbraten. Gemüse zugeben, kurz mit anbraten, mit dem Gemüsefond ablöschen, Deckel schließen und bei kleiner Hitze ca. 15 Minuten garen. Mit Pfeffer würzen; evtl. salzen.
- Das Filet in Scheiben schneiden, mit der Sauce und dem Gemüse servieren.

▶ Nährwerte pro Portion

495 kcal | 38 g E | 23 g F | 12 g KH | 1 BE | 11 g BS

Gebratener Spargel mit Bündner Fleisch

Durch das Braten kommt das Spargelaroma noch intensiver zur Geltung.

▶ Für 2 Personen

Gelingt leicht ⏲ 25 Min.

300 g Spargel, weiß · 300 g Spargel, grün · 200 g Kirschtomaten · 2 EL Rapsöl · Salz · Pfeffer · 20 g Pinienkerne · 60 g Bündner Fleisch · 30 g Parmesan · 2 Scheiben Vollkorntoast

- Den Spargel waschen, den weißen Spargel komplett, den grünen nur im unteren Drittel schälen und in ca. 4 cm lange Stücke schneiden.
- Die Tomaten waschen.
- Das Öl in einer Pfanne erhitzen, zunächst den weißen Spargel ca. 5 Minuten braten. Dann den grünen Spargel zugeben und alles zusammen für weitere ca. 5 Minuten vorsichtig weiterbraten.
- Zum Schluss die Kirschtomaten zugeben und ca. 5 Minuten braten, bis sie leicht aufplatzen.
- Mit Salz und Pfeffer würzen.
- Die Pinienkerne in einer trockenen Pfanne ohne Fett kurz rösten.
- Die Spargel-Kirschtomaten-Pfanne auf vorgewärmten Tellern anrichten, das Bündner-Fleisch darauf anrichten, die gerösteten Pinienkerne darüberstreuen, den Parmesankäse in dünnen Scheiben darüberhobeln.
- Den Toast dazureichen.

▶ Nährwerte pro Portion

400 kcal | 22 g E | 20 g F | 14 g KH | 1,2 BE | 7 g BS

Brokkoli-Frittata mit Schinken und Tomatensalat

Für die vegetarische Variante den Schinken einfach durch geräucherten Tofu ersetzen.

▶ Für 2 Personen

Gelingt leicht ⏲ 35 Min.

400 g Gemüse, z. B. Brokkoli, Blumenkohl, Erbsen und Möhrchen (aus der Dose, das geht besonders schnell) · 5 Eier · 1 Schuss Milch, 1,5 % Fett (ca. 50 ml) · Pfeffer · Salz · frisch geriebene Muskatnuss · 1 Zwiebel · 60 g rohen Schinken ohne Fettrand · 2 EL Rapsöl · 4 Tomaten · 1 Zwiebel · 1 EL Olivenöl · 1 EL Essig

- Das Gemüse waschen, putzen, zerkleinern und ca. 5 Minuten in kochendem Salzwasser blanchieren.
- Eier mit der Milch und den Gewürzen verquirlen.
- Die Zwiebel schälen, vierteln und in feine Streifen schneiden. Den Schinken ebenfalls klein schneiden.
- Das Öl in einer Pfanne erhitzen, die Zwiebeln darin glasig dünsten, das Gemüse dazugeben und kurz mitdünsten.
- Den Schinken zugeben und kurz anbraten. Die Eiermischung darübergießen, die Pfanne mit einem Deckel schließen und bei kleiner Hitze ca. 6 Minuten stocken lassen.
- Für den Tomatensalat: Gewürfelte Tomaten und Zwiebel in eine Schüssel geben, mit Pfeffer und Salz würzen, Essig und Öl zugeben, unterheben und einen Moment ziehen lassen.
- Die Frittata wenden und noch einmal ca. 3 Minuten braten. Auf 2 Teller verteilen.

▶ Nährwerte pro Portion

505 kcal | 28 g E | 34 g F | 4 g KH | 0,4 BE | 1 g BS

Kaninchenrücken auf warmem Pilzsalat

Wenn Sie für den Salat frische Waldpilze verwenden, wird das Gericht besonders erlesen.

▶ Für 2 Personen

Schön für Gäste ⏲ 40 Min.

120 gemischte Blattsalate · 400 g gemischte Pilze · 1 Schalotte · 1 Knoblauchzehe · 1 TL Rapsöl · 1 TL Walnussöl · 2 EL weißen Balsamicoessig · Pfeffer · Salz · 2 Kaninchenrücken (à ca. 140 g) · 1 TL Rapsöl · je 1 Zweig Rosmarin und Thymian · 2 Knoblauchzehen · 1 Scheibe Walnussbrot

- Die Blattsalate waschen, trocken schleudern, putzen und in mundgerechte Stücke zupfen.
- Die Pilze mit Küchenkrepp säubern, putzen, je nach Größe vierteln oder halbieren.
- Schalotte und Knoblauchzehe waschen, fein würfeln und in dem Rapsöl glasig dünsten.
- Die Pilze zugeben, mit Pfeffer und Salz würzen und anbraten. In eine Schüssel geben und etwas abkühlen lassen.
- In der Zwischenzeit die Kaninchenrücken mit Pfeffer und Salz würzen und in dem Rapsöl von jeder Seite ca. 3 Minuten anbraten. Die Kräuterzweige und die Knoblauchzehen zum Aromatisieren zugeben. Die Kochplatte ausschalten, die Pfanne abdecken und das Fleisch kurz ruhen lassen.
- Derweil die Pilze mit Essig und Walnussöl anmachen, mit Pfeffer und Salz würzen. Die Blattsalate unterheben. Auf 2 Tellern anrichten. Die Kaninchenrücken in Scheiben schneiden, auf dem Salat anrichten und mit dem Walnussbrot servieren.

▶ Nährwerte pro Portion

450 kcal | 41 g E | 19 g F | 11 g KH | 1 BE | 14 g BS

Tipp

Wenn Sie das Walnussbrot weglassen möchten, entfallen die anrechnungspflichtigen Kohlenhydrate. Der Energiegehalt verringert sich um 60 kcal.

Kaninchenrücken auf warmem Pilzsalat

Filetsteak mit Zwiebelkruste und Bohnen

Klingt nach Sonntagsessen.

▶ Für 2 Personen

Schön für Gäste ⏱ 35 Min.

360 g Rinderfilet · Pfeffer · 1 EL Öl · Salz · 80 g Zwiebel · 1 EL scharfer Senf · 1 TL Semmelbrösel · 1 Eigelb · 400 g grüne Bohnen · 40 g magerer Speck · 1 TL Butter

- Die Bohnen waschen, putzen und in kochendem Salzwasser bissfest garen. Abtropfen lassen.
- Das Fleisch rundum mit Pfeffer würzen, in dem Öl von beiden Seiten kurz anbraten. Danach salzen.
- Backofen auf 200 °C (Umluft 180 °C) vorheizen.
- Die Zwiebel schälen, fein würfeln und mit dem Senf, den Semmelbröseln und dem Eigelb verrühren.
- Auf beiden Filetsteaks gleichmäßig verteilen. Im Backofen ca. 3 Minuten überbacken. Die Kruste sollte sich leicht goldgelb knusprig verändern.
- Den mageren Speck fein würfeln, in der Butter glasig dünsten, die Bohnen dazugeben und darin schwenken. Zusammen mit den Steaks servieren.

▶ Nährwerte pro Portion

470 kcal | 55 g E | 19 g F | 13 g KH | 1,1 BE | 5 g BS

Schweinefilet mit Curry-Kürbis und Quarkgnocchi

Der leicht süßliche Geschmack des Schweinfilets harmoniert wunderbar mit dem Kürbisgemüse.

- Für die Gnocchi: Ei, Quark, Mehl und Grieß gut miteinander verrühren und ca. 30 Minuten quellen lassen.
- Einen Topf mit Salzwasser zum Kochen bringen.
- Den Backofen auf 160 °C (Umluft 140 °C) vorheizen.
- Das Filet in dem heißen Rapsöl von allen Seiten kurz anbraten, mit Pfeffer und Salz würzen. Mit der Fleischbrühe angießen, den Bratensatz in der Pfanne lösen. Alles in eine feuerfeste Form geben, den Rosmarinzweig dazulegen und für ca. 10 Minuten in den Backofen stellen.
- Das Gemüse waschen und putzen. Lauch halbieren und in Ringe schneiden. Kürbis (mit der Schale) und Zucchini in Würfel schneiden. Ingwer und Knoblauch schälen und fein würfeln.
- Öl erhitzen, zunächst den Lauch anbraten, Ingwer, Knoblauch und Curry zugeben und kurz mit anbraten. Kürbis und Zucchini zugeben, unterheben. Mit der Gemüsebrühe ablöschen, mit Pfeffer und Salz würzen, den Deckel schließen und bei kleiner Hitze ca. 8 Minuten garen.
- Von der Gnocchimasse mit einem Teelöffel kleine Klößchen abstechen, mit einer Gabel flachdrücken, sodass die typische Gnocchiform entsteht. In dem köchelnden Salzwasser 5 Minuten garen.
- Das Filet in Scheiben schneiden, mit dem Kürbisgemüse und den Gnocchis auf 2 Tellern anrichten, etwas Bratenfond darübergeben und servieren.

▸ Nährwerte pro Portion

470 kcal | 46 g E | 20 g F | 15 g KH | 1,3 BE | 6 g BS

▸ Für 2 Personen

Braucht mehr Zeit 55 Min.

1	Ei
160 g	Magerquark
1 EL	Mehl
1½ EL	Grieß
1 TL	Butter
280 g	Schweinefilet
1 TL	Rapsöl
	Pfeffer
	Salz
150 ml	Fleischbrühe
1	Rosmarinzweig
100 g	Lauch
500 g	Kürbis, am besten Hokkaido
200 g	Zucchini
1 TL	Rapsöl
2 cm	Ingwer
2	Knoblauchzehen
½ TL	Curry
100 ml	Gemüsebrühe

Tipp

Die Quarkgnocchi eignen sich hervorragend für viele Gerichte als Beilage, rechnen Sie dann einfach folgende Nährwerte hinzu: 140 kcal, 11 g E, 6 g F, 12 g KH, 1 BE, 1 g BS.

Coq au Vin

Ein beliebtes Geflügelgericht aus Frankreich – diesmal mit trockenem Weißwein.

▶ Für 2 Personen

Braucht etwas mehr Zeit ⏲ 1¾ Std.

1 Hähnchen oder kleine Poularde, ca. 450 g · 50 g magerer geräucherter Speck · 120 g Schalotten · 200 g Champignons · 2 Knoblauchzehen · Salz · 1 EL Rapsöl · Pfeffer · 200 g Möhren · 1 kleine Stange Lauch · ½ Bund Staudensellerie · Thymian · Petersilie · Liebstöckel · Rosmarin · 100 ml trockener Weißwein · 350 ml Hühnerbrühe

- Das Hähnchen (die Poularde) waschen, trocknen und in 4 Stücke zerteilen.
- Den Speck klein würfeln. Schalotten, Champignons und Knoblauch putzen und zerkleinern.
- Das Rapsöl in einem weiten Topf erhitzen, den Speck darin glasig dünsten, Geflügelteile zugeben und rundherum anbraten.
- Schalotten, Champignons und Knoblauch zugeben, mit Salz und Pfeffer würzen.
- Möhren, Sellerie und Lauch waschen, putzen und zugeben. Aus den Kräutern ein Sträußchen binden und dieses in den Topf geben.
- Den Weißwein angießen, kurz einköcheln lassen, dann die Brühe zugeben.
- Den Topf verschließen und den Coq au Vin bei mittlerer Hitze gut 1 Stunde schmoren. Den Topf ab und zu rütteln.
- Gegarte Hähnchenteile mit den Champignons und den Schalotten herausheben und warm halten. Das Kräutersträußchen entfernen.
- Nun den Fond mit dem restlichen Gemüse pürieren; auf diese Weise entsteht eine cremige Sauce.
- Coq au Vin mit den Schalotten und den Champignons auf einer vorgewärmten Platte anrichten und mit Sauce überziehen.

▶ Nährwerte pro Portion

585 kcal | 60 g E | 25 g F, 10 g KH | 0,8 BE | 8 g BS

Caesars Salat

Romanasalat mit knusprig gebratenen Streifen von der Hähnchenbrust.

▶ Für 2 Personen

Gelingt leicht ⏲ 30 Min.

2 Hähnchenbrustfilets (à 150 g) · 1 TL Rapsöl · frisch gemahlener schwarzer Pfeffer · Salz · 2 Romanasalate (à 200 g) · 2 EL geriebener Parmesankäse · 1 Eigelb · 2 EL Zitronensaft · 1 EL weißer Balsamico-Essig · 1 TL mittelscharfer Senf · 1 EL Worcestershiresauce · 2 EL Olivenöl · 20 g gehobelter Parmesankäse

- Die Hähnchenbrustfilets kalt abbrausen, trocken tupfen und in Streifen schneiden. In dem Öl rundherum knusprig anbraten und mit Pfeffer und Salz würzen. Abdecken und beiseite stellen.
- Den Salat waschen, putzen, trocken schleudern, in ca. 1 cm breite Streifen schneiden und in eine Schüssel geben.
- Für das Dressing alle Zutaten, bis auf das Öl, miteinander verrühren. Das Olivenöl zum Schluss unterziehen, sodass eine dickliche Sauce entsteht.
- Den Salat mit dem Dressing anmachen, in 2 Salatschalen verteilen, die gebratenen Hähnchenstreifen darauf anrichten, den gehobelten Parmesan darüberstreuen und servieren.

▶ Nährwerte pro Portion

385 kcal | 44 g E | 19 g F | 0 g KH | 0 BE | 2 g BS

Tipp

Wenn Sie mögen, können Sie eine getoastete Scheibe Vollkorntoast zum Salat reichen. Dann ergeben sich insgesamt folgende Nährwerte pro Portion: 465 kcal, 46 g E, 20 g F, 15 g KH, 1,3 BE, 3 g BS.

Rindfleischburger mit Gurkenraita

Vergessen Sie die Fastfood-Burger im pappigen Brötchen – so schmecken sie wirklich gut!

- Das Hack mit Salz, Pfeffer, Cayennepfeffer und Paprikapulver würzen, gut vermengen, Burger formen und für kurze Zeit in den Kühlschrank stellen.
- Die Gurke schälen, längs vierteln, die Kerne entfernen und in feine Scheiben schneiden. Die Minze, Joghurt und Zitronensaft untermischen, salzen, pfeffern.
- Den Eisbergsalat waschen und in feine Streifen schneiden. Auf 2 Teller geben und mit Essig und Olivenöl beträufeln, salzen und pfeffern.
- Das Rapsöl in eine Pfanne geben, die Burger darin von beiden Seiten je ca. 4 Minuten braten, Kirschtomaten zugeben und ca. 2 Minuten mitbraten.
- Nun die Burger, die Tomaten und die Gurkenraita auf den Tellern neben dem Salat anrichten.

▶ **Nährwerte pro Portion**

426 kcal | 34 g E | 25 g F | 3 g KH | 0,25 BE | 3 g BS

▶ **Für 2 Personen**

Gut mitzunehmen ⏲ 35 Min.

280 g	Rinderhackfleisch
1 EL	Rapsöl
	Cayennepfeffer, Paprika
125 g	Kirschtomaten
250 g	Gurke
1 EL	Minzblätter, gehackt
100 g	Joghurt
2 EL	Zitronensaft
100 g	Eisbergsalat
1 EL	Balsamico-Essig
1 TL	Olivenöl

Schinkensülze mit Remoulade und knusprigem Walnussbrot

Für ein besonderes kaltes Abendbrot, bei dem Sie – bis auf das Walnussbrot – alles selbst gemacht haben.

▶ **Für 2 Personen**
Schön für Gäste ⏲ 30 Min. plus 3 Std. Kühlzeit

- 3 Blatt weiße Gelatine
- 4 Stiele glatte Petersilie
- 4 Stiele Oregano
- 4 Stiele Schnittlauch
- 4 Scheiben gekochten Schinken à ca. 0,5 cm (insgesamt 200 g)
- 250 ml Geflügelfond, selbst gemacht oder aus dem Glas
- schwarzer Pfeffer
- Salz
- 2 EL weißer Balsamico-Essig
- 1 Ei
- 1 Gewürzgurke
- 4 EL Joghurt (1,5 % Fett)
- 1 EL Sauerrahm
- 100 g Feldsalat
- 2 EL Balsamico-Essig
- 1 TL Senf
- 2 EL Walnussöl
- 40 g Walnussbrot (2 Scheiben)

- Die Gelatine in kaltem Wasser einweichen.
- Die Kräuter waschen und trocken tupfen. Petersilien- und Oreganoblättchen von den Stielen zupfen. Schnittlauch in Röllchen schneiden.
- Den Schinken in Würfel schneiden, mit den Kräutern mischen und in eine kleine Terrinenform geben.
- Den Geflügelfond mit dem weißen Balsamico-Essig erhitzen, mit Pfeffer und Salz würzen.
- Die Gelatine ausdrücken und in dem Fond bei kleiner Hitze auflösen.
- Den Fond über die Schinken-Kräuter-Mischung gießen, die Terrine zudecken und für 3 Stunden in den Kühlschrank stellen.
- Für die Remoulade: Das Ei hart kochen, abschrecken, pellen und hacken. Die Gewürzgurke in feine Würfel schneiden. Joghurt mit dem Sauerrahm verrühren, mit Pfeffer und Salz würzen, Ei und Gurke unterheben.
- Den Feldsalat gründlich waschen, putzen und abtropfen lassen.
- Den Essig mit Senf, Pfeffer und Salz verrühren, das Walnussöl unterziehen. Kurz vor dem Servieren über den Salat geben.
- Auf 2 Tellern die Schinkensülze mit der Remoulade und dem Feldsalat anrichten. Das Walnussbrot dazureichen.

▶ **Nährwerte pro Portion**
446 kcal | 31 g E | 28 g F | 15 g KH | 1,3 BE | 4 g BS

Meine Eltern gehen zwar ziemlich mit der Zeit, aber beim Essen mögen sie es gerne traditionell – und freuen sich, wenn ich auch gut esse. Die Sülze ist ihr Favorit, mit dem ich sie richtig glücklich machen kann. Wenn es besonders hübsch aussehen soll, dann gebe ich die Sülze nicht in Teller, sondern in niedrige Gläser – toll eignen sich dafür auch kleine einfache Windlichter.

Saltimbocca mit Artischocken

Saltimbocca bedeutet „spring in den Mund“, was bei diesem leckeren Gericht durchaus passieren kann.

▶ Für 2 Personen
Schön für Gäste ⏲ 45 Min.

- 6 Artischocken
- 1 Zitrone
- 2 Knoblauchzehen
- 1 EL Rapsöl
- Meersalz
- schwarzer Pfeffer aus der Mühle
- 150 ml Gemüsebrühe
- 200 g Kalbsschnitzel
- 4 Salbeiblätter
- 2 Scheiben roher Schinken ohne Fettrand
- 4 Zahnstocher oder Fleischnadeln
- 2 EL Rapsöl
- 100 ml Fleischbrühe

- Eine Schüssel mit Zitronenwasser vorbereiten. Dazu den Saft einer Zitrone in ca. ½ Liter kaltes Wasser geben.
- Die äußeren Blätter der Artischocken abzupfen. Mit einer Schere die Spitzen der anderen Artischockenblätter abschneiden. Wenn ein Stiel vorhanden ist, diesen bis zum Artischockenboden schälen.
- Die Artischocken vierteln, das „Heu“ entfernen und in das Zitronenwasser legen.
- Knoblauch schälen und in feine Scheiben schneiden. In dem Rapsöl die Artischockenviertel rundum anbraten. Knoblauch zugeben, Brühe aufgießen und 15–20 Minuten bissfest garen.
- Den Backofen auf 160 °C vorheizen.
- In der Zwischenzeit das Kalbfleisch plattieren. Dafür legen Sie es zwischen 2 Stücke Frischhaltefolie und klopfen es mit einem flachen Gegenstand, das kann ein Brettchen sein, flach. Nun aus dem Fleisch insgesamt 2 Stücke pro Person scheiden.
- Auf jedes Stück Fleisch ½ Scheibe rohen Schinken und je ein Salbeiblatt legen, mit dem schwarzen Pfeffer würzen und zusammenrollen. Mit der Fleischnadel die Rolle zusammenhalten.
- In einer kleinen Pfanne das Rapsöl erhitzen, die Fleischröllchen rundum je eine Minute anbraten, mit der Fleischbrühe ablöschen, einen Deckel auf die Pfanne setzen und in den Ofen schieben. Bei 160 °C (Umluft 140 °C) für ca. 3–5 Minuten zu Ende garen.
- Anschließend die Kalbfleischröllchen mit den Artischocken auf 2 Tellern anrichten und genießen.

▶ Nährwerte pro Portion
405 kcal | 46 g E | 20 g F | 5 g KH | 0,4 BE | 15 g BS

Ich liebe Artischocken! Okay, das Vorbereiten ist eine ziemliche Arbeit und füllt die Biotonne, aber wenn sie dann duftend auf meinem Teller liegen, hat sich der Aufwand wirklich gelohnt. Einmal im Sommer muss das drin sein! Und sagt man den Artischocken nicht nach, dass sie die Leber entgiften? Das ist beim Abnehmen bestimmt nicht verkehrt.

Rindersteak mit gebratenem Balsamico-Gemüse

Ein schmackhaftes mediterranes Gericht.

▶ Für 2 Personen

Gelingt leicht ⏲ 30 Min.

1 EL Rapsöl · 1 EL Olivenöl · 2 Knoblauchzehen · 1 Chilischote · 1 Zweig Rosmarin · 2 Zweige Thymian · 2 rote Zwiebeln ·2 Paprikaschoten (rot, gelb) · 1 Zucchini · 1 Aubergine · schwarzer Pfeffer · Salz · 1 TL Crema di aceto balsamico · 300 g Rindfilet · grobes Meersalz

- Den Backofen auf 120 °C (Umluft 100 °C) vorheizen.
- Das Olivenöl in eine Pfanne geben, Knoblauchzehen schälen und in das Öl pressen. Chilischote halbieren, entkernen und ebenfalls in das Öl legen. Die Kräuterzweige ebenfalls zugeben. Das Öl auf kleiner Hitze leicht erwärmen und auf diese Weise aromatisieren.
- Die Zwiebeln schälen und in halbe Ringe schneiden.
- Das Gemüse waschen, putzen und in ca. 1 cm große Würfel schneiden.
- Das Fleisch mit dem Pfeffer würzen. Das Öl erhitzen und das Fleisch von beiden Seiten ca. 2 Minuten darin anbraten. Anschließend salzen, in eine feuerfeste Form legen und im vorgeheizten Backofen warm stellen und etwas ruhen lassen.
- In der Zwischenzeit die Zwiebeln in dem restlichen aromatisierten Öl glasig dünsten. Das Gemüse zugeben und rundherum anbraten, mit Pfeffer und Salz würzen. Die Pfanne mit einem Deckel zudecken und das Gemüse ca. 5 Minuten garen; ab und zu umrühren. Chilischote und Kräuterzweige entfernen.
- Das Fleisch aus dem Backofen nehmen, mit dem Gemüse auf 2 vorgewärmten Tellern anrichten, die Crema di aceto balsamico über das Gemüse träufeln.

▶ Nährwerte pro Portion

420 kcal | 40 g E | 21 g F | 1 g KH | 0 BE | 8 g BS

Putenspieße auf asiatischem Gemüseteller

Zitronengras als Spieß zu verwenden, ist der Clou dabei.

▶ Für 2 Personen

Gut mitzunehmen ⏲ 35 Min.

50 g Wildreis · 100 ml Gemüsebrühe · 300 g Brokkoli · 300 g Blumenkohl · 2 Karotten · 1 EL Rapsöl · 1 TL Curry · 2 Kardamomkapseln · 100 ml Gemüsebrühe · 100 ml Kokosmilch, ungezuckert · 1 TL Sojasauce · schwarzer Pfeffer · 2 Putenschnitzel (à 180 g) · 2 Zwiebeln · 1 gelbe Paprikaschote · Salz · Zitronengras zum Aufspießen · 1 EL Rapsöl

- Den Reis in der Gemüsebrühe garen.
- Das Gemüse waschen und putzen. Brokkoli und Blumenkohl in Röschen zerteilen. In einem großen Topf mit kochendem Salzwasser blanchieren, abgießen, kalt abspülen und abtropfen lassen.
- Karotten schälen und in Scheiben schneiden.
- In einer großen Pfanne das Öl erhitzen, Curry einrühren, die Kardamomkapseln zugeben und kurz andrücken, das Gemüse zugeben, darin wenden und anbraten. Mit der Gemüsebrühe angießen, ca. 5 Minuten köcheln lassen.
- Die Kokosmilch zugeben und weitere 5 Minuten köcheln lassen. Abschließend mit Pfeffer und Sojasauce würzen.
- Während das Gemüse gart, die Putenschnitzel in ca. 2 cm große Stücke schneiden.
- Zwiebeln schälen und vierteln.
- Paprikaschote waschen, putzen, entkernen und in etwa gleich große Stücke schneiden wie das Fleisch.
- Nun alle Zutaten abwechselnd auf die Zitronengrasspieße aufspießen, in dem Öl anbraten und bei kleiner Hitze fertig garen. Das Gemüse auf vorgewärmten Tellern anrichten, die Spieße obenauf legen.

▶ Nährwerte pro Portion

495 kcal | 49 g E | 14 g F | 21 g KH | 1,8 BE | 15 g BS

Dorade aus dem Ofen

Dorade aus dem Ofen

Sieht toll aus und ist schnell zubereitet, also ideal, wenn Besuch kommt.

▶ Für 2 Personen

Gut mitzunehmen ⏲ 30–35 Min.

1 Dorade mittelgroß, ca. 400 g · 2 Stück Backpapier · 2 Tomaten · 1 Chilischote · 4 Knoblauchzehen · 3 Basilikumzweige · 1 EL Olivenöl · schwarzer Pfeffer · Salz · 3 Scheiben Zitrone · 1 Eigelb

- Die Dorade am besten schon beim Einkaufen entschuppen lassen. Kalt abbrausen und trocken tupfen.
- 2 Stücke Backpapier, so groß wie ein Backblech, abschneiden. Eines davon auf ein Backblech legen. Die Dorade darauf legen und von innen mit Pfeffer und Salz würzen. 1 Basilikumzweig und 1 Knoblauchzehe, angedrückt, in den Bauch legen.
- Den Backofen auf 200 °C (Umluft 180 °C) vorheizen.
- Die Tomaten waschen und in Würfel schneiden. Die Chilischote ebenfalls waschen und in Ringe schneiden. Knoblauch schälen und in feine Scheiben schneiden.
- Das restliche Basilikum in Streifen schneiden.
- Das Olivenöl mit Pfeffer, Salz, Tomatenwürfel, Chiliringen, Knoblauchscheiben und Basilikumstreifen vermischen und auf der Dorade verteilen.
- Die Zitronenscheiben darauflegen.
- Die Ränder des Backpapiers mit dem Eigelb einstreichen und das zweite Backpapier über die Dorade legen und die Ränder der beiden Papiere miteinander verkleben und noch einmal einschlagen.
- Es sollte so dicht sein, dass kein Dampf entweichen kann.
- Die Dorade in den Ofen schieben und ca. 20–25 Minuten garen. Vorsichtig öffnen und servieren.

▶ Nährwerte pro Portion

310 kcal | 45 g E | 11 g F | 0 g KH | 0 BE | 2 g BS

Fischduett im Päckchen mit Gemüse

So wird der Fisch schonend gedünstet und der volle Geschmack kann sich entfalten.

▶ Für 2 Personen

Gelingt leicht ⏲ 35 Min.

2 Lachsfilets à 90–100 g · 2 Thunfischfilets à 90–100 g schwarzer Pfeffer · 2 aromatische Tomaten · 2 Karotten · 1 Fenchelknolle (ca. 200 g) · 2 Schalotten · 2 Knoblauchzehen · 1 Bund Rucola · frische Kräuter wie Oregano, Basilikum · Meersalz · 2 TL Rapsöl

- Den Backofen auf 200 °C (Umluft 180 °C) vorheizen.
- Zwei Blätter Alufolie oder Backpapier vorbereiten.
- Die Fischsteaks kalt abspülen und trocken tupfen.
- Auf die Folie legen, mit Meersalz und Pfeffer würzen.
- Das Gemüse waschen, putzen und in kleine Würfel schneiden. Schalotte und Knoblauch schälen und fein würfeln. Rucola und Kräuter waschen, trocken tupfen und fein hacken.
- Alles miteinander vermischen, mit Meersalz und Pfeffer würzen und zu gleichen Teilen auf den Steaks verteilen.
- Je 1 Teelöffel Öl darübergeben.
- Nun die Päckchen sehr gut und dicht verschließen und auf ein Backblech legen. Im Ofen bei 200 °C (Umluft 180 °C) für ca. 20 Minuten garen.
- Zwei Teller vorwärmen, die fertigen Fisch-Gemüse-Päckchen darauf verteilen, vorsichtig öffnen und servieren.

▶ Nährwerte pro Portion

505 kcal | 41 g E | 32 g F | 7 g KH | 0,5 BE | 8 g BS

Tipp

Alternativ können Sie auch Seelachsfilet und Seeteufel für dieses Gericht verwenden. Dann ergeben sich folgende Nährwerte pro Portion: 365 kcal, 51 g E, 15 g F, 7 g KH, 0,5 BE, 8 g BS.

Wraps mit Räucherlachs

In Alu- oder Frischhaltefolie gewickelt super zum Mitnehmen, dann aber bis zum Verzehr im Kühlschrank aufbewahren.

▶ Für 2 Personen
Gelingt leicht 30 Min.

Für den Teig

- 50 g Kichererbsenmehl, fein gemahlen
- 150 ml kaltes Wasser
- 1 TL Rapsöl
- Salz
- 1 EL Rapsöl zum Ausbacken

Für die Füllung

- ½ Kopf Eisbergsalat
- ½ Schale Kresse
- 2 Dillzweige
- 4 EL Frischkäse, fettarme Variante
- 2 EL Sauerrahm
- 1 Frühlingszwiebel
- 1 Msp. Chiliflocken
- ¼ TL Curry
- 150 g Räucherlachs

- Für den Wrap alle Zutaten mit einem Schneebesen zu einem glatten Teig verrühren. In dem heißen Öl 2 Wraps ausbacken und beiseite stellen.
- Für die Füllung den Eisbergsalat waschen, trocken schleudern und in feine Streifen schneiden. Frühlingszwiebel waschen, putzen und in Ringe schneiden. Mit dem Salat mischen.
- Mit einer Schere die Kresse abschneiden. Den Dill von den Zweigen zupfen und fein schneiden. Die Kräuter zu dem Salat geben.
- Frischkäse, Sauerrahm und Gewürze miteinander verrühren und unter die Salatkräutermischung heben. Diese Masse auf die Wraps streichen, den Lachs darauflegen. Nun die Wraps einrollen, schräg in 2 Hälften schneiden und servieren.
- Die andere Hälfte von dem Eisbergsalat ebenfalls in Streifen schneiden, mit einer Senfvinaigrette (siehe S. 68) anmachen und dazu servieren.

▶ **Nährwerte pro Portion**
415 kcal | 26 g E | 25 g F | 12 g KH | 1 BE | 7 g BS

▶ **Variante für die Füllung**
2 EL Frischkäse, fettarme Variante · 80 g Putenschinken
2 TL Harissa-Paste · ½ Bund Rucola

- Die gebackenen Wraps mit dem Frischkäse bestreichen und mit dem Putenschinken belegen. Den Putenschinken mit der Harissa-Paste bestreichen.
- Rucola waschen, putzen und trocken tupfen. Auf den Putenschinken legen. Die Wraps straff zusammenrollen.
- In Klarsichtfolie einpacken und zum Durchziehen kalt stellen.
- Dazu einen knackigen Salat wie oben.

▶ **Nährwerte pro Portion**
300 kcal | 18 g E | 15 g F | 12 g KH | 1 BE | 8 g BS

Tipp
Harissa-Paste ist eine scharfe Gemüsepaste, die es fertig in der Tube zu kaufen gibt.

Safran-Tagliolini mit Jakobsmuscheln

Ein besonders erlesenes Gericht.

▸ **Für 2 Personen**
Ideal zum Mittag ⏲ 30 Min.
80 g Tagliolini · 1 große Zucchini · 1 EL Olivenöl · schwarzer Pfeffer · Salz · Safran · 1 EL Olivenöl · 10 Jakobsmuscheln

- Die Tagliolini in reichlich Salzwasser kochen, abgießen und warm stellen.
- Zucchini waschen und längs in Streifen schneiden, die in etwa den Umfang der Tagliolini haben.
- Das Öl in einer Pfanne erwärmen, den Safran hineinstreuen, die Zucchininudeln darin ca. 5 Minuten dünsten. Die Tagliolini zugeben und beides vorsichtig miteinander vermengen, mit Pfeffer und Salz würzen.
- In einer zweiten Pfanne die Jakobsmuscheln in dem Olivenöl von jeder Seite lediglich ca. ½ Minute braten, mit Pfeffer und Salz würzen.
- Die Zucchini-Tagliolini auf vorgewärmte Teller verteilen, die Jakobsmuscheln daraufsetzen und servieren.

▸ **Nährwerte pro Portion**
330 kcal | 19 g E | 11 g F | 30 g KH | 2,5 BE | 4 g BS

Matjestatar

Ein herzhafter Brotbelag für Matjesfans.

▶ Für 2 Personen

Geht schnell 15 Min.

250 g frischen Matjes · 100 g Gewürzgurke (2 Stück) · 1 EL Kapern · 1 kleine Zwiebel · 6 schwarze Oliven · 2 EL Naturjoghurt (1,5 % Fett) · 1 TL saure Sahne · schwarzer Pfeffer · 2 Dillzweige · 2 kleine Scheiben Vollkornbrot

- Matjesfilets kalt abspülen, trocken tupfen und sehr fein schneiden.
- Gewürzgurke, Kapern und Oliven klein schneiden.
- Die Zwiebel schälen und in feine Würfel schneiden.
- Anschließend alles miteinander vermengen.
- Joghurt und saure Sahne unterheben und mit dem schwarzen Pfeffer würzen.
- Im Bedarfsfall mit Salz abschmecken. Da die Matjes allerdings bereits salzig sind, mit dem Salz lieber vorsichtig sein.
- Das Vollkornbrot auf 2 Teller legen, das Matjestatar auf dem Brot verteilen und mit je 1 Dillzweig garnieren.

▶ Nährwerte pro Portion

450 kcal | 25 g E | 32 g F | 14 g KH | 1,2 BE | 3 g BS

Tipp

Statt Vollkornbrot passen als Beilage auch gut Zucchinirösti (siehe S. 72) dazu.

Lachstatar

Auch Lachs lässt sich gut zu einem pikanten Tatar verarbeiten.

▶ Für 2 Personen

Geht schnell 15 Min.

1 Ei · 200 g geräucherter Lachs · 1 kleine Zwiebel · 1 Gewürzgurke · 4 Dillzweige · 2 EL Joghurt (1,5 % Fett) · 1 EL Sauerrahm (10 % Fett) · 1 TL Zitronensaft · 1 TL Meerrettich · 2 kleine Scheiben Roggenbrot

- Das Ei hart kochen, abgießen, abschrecken, pellen und in kleine Würfel schneiden.
- Den Lachs, die Gewürzgurke und die Zwiebel fein würfeln.
- 2 Dillzweige zupfen und den Dill mit Joghurt, Sauerrahm, Meerrettich und Zitronensaft verrühren.
- Das Dressing über die gewürfelten Zutaten geben und alles vorsichtig miteinander vermengen.
- Auf 2 Scheiben Roggenbrot verteilen, mit dem restlichen Dill garnieren und servieren.

▶ Nährwerte pro Portion

345 kcal | 29 g E | 17 g F | 16 g KH | 1,3 BE | 3 g BS

Thunfischsalat

Sollte unbedingt im Kühlschrank gelagert werden.

▶ Für 2 Personen

Gut mitzunehmen 20 Min.

2 Eier · 1 kleine Dose Thunfisch (in Wasser) · 1 rote Paprikaschote · 1 Zwiebel · 2 Gewürzgurken · Pfeffer · Salz · 3 EL Joghurt (1,5 % Fett) · 1 EL Sauerrahm · etwas Gurkenwasser

- Die Eier hart kochen, abschrecken, pellen und in Würfel schneiden.
- Den Thunfisch abgießen, in eine Schüssel geben und mit einer Gabel zerkleinern.
- Paprikaschote waschen, putzen und in Würfel schneiden.
- Die Zwiebel schälen und fein würfeln.
- Die Gewürzgurken ebenfalls fein würfeln.
- Alles in die Schüssel zum Thunfisch geben, Joghurt und Sauerrahm unterheben. Mit Pfeffer und Salz würzen. Falls die Konsistenz zu dick ist, etwas von dem Gurkenwasser unterheben.

▶ Nährwerte pro Portion

210 kcal | 20 g E | 11 g F | 7 g BE | 3 g BS

Tilapiafilet mit Brokkoli-Mus

Wie wäre es als Fischvariante mal mit dem feinen Tilapiafilet?

▶ **Für 2 Personen**

Schön für Gäste ⏲ 45 Min.

1 EL	Rapsöl
2	Thymianzweige
1	Rosmarinzweig
2	Knoblauchzehen
2	Tilapiafilets (à 160 g)
2 EL	Zitronensaft
400 g	Brokkoli
120 g	Kartoffeln
100 ml	Gemüsebrühe
	Pfeffer
	Salz
1 Prise	Muskat
2	Paprikaschoten (rot, gelb)
1	Karotte
100 g	Zuckerschoten
2 cm	Ingwerwurzel
1 EL	Sojaöl

- Das Rapsöl in eine Pfanne geben, die Kräuterzweige hineinlegen, Knoblauch schälen und in das Öl pressen. Bei sehr kleiner Hitze das Öl mit seinen Ingredienzien aromatisieren.
- Die Fischfilets kalt abspülen, trocken tupfen, auf einen Teller legen, mit dem Zitronensaft beträufeln und salzen. Für einen Moment in den Kühlschrank stellen.
- Brokkoli waschen, putzen und in einzelne Röschen zerteilen.
- Die Kartoffeln ebenfalls waschen, schälen und würfeln.
- In einem Topf die Gemüsebrühe zum Kochen bringen, die Kartoffelwürfel zugeben und ca. 10 Minuten darin garen. Anschließend die Brokkoliröschen zugeben und mitgaren. Sobald das Gemüse und die Kartoffeln weich sind, die Gemüsebrühe abgießen und beiseite stellen.
- Brokkoli und Kartoffeln pürieren. Mit Pfeffer, Salz und Muskat würzen. Warm stellen.
- Das Gemüse waschen und putzen. Karotten und Ingwer schälen.
- Paprikaschoten und Karotten in Streifen schneiden. Ingwer in feine Scheiben schneiden.
- Zuckerschoten kurz blanchieren. Das Gemüse in dem Sojaöl bissfest dünsten. Mit Pfeffer und Salz würzen.
- Parallel dazu die Fischfilets in dem aromatisierten Öl braten. Ohne Kräuterzweige servieren.
- Fischfilets, Brokkoli-Mus und Gemüse auf vorgewärmten Tellern dekorativ anrichten und servieren.

▶ **Nährwerte pro Portion**

485 kcal | 49 g E | 17 g F | 12 g KH | 1 BE | 16 g BS

Tipp

Bei der Zubereitung von frischem Fisch gilt die 3-S-Regel: säubern, säuern, salzen. So werden Geschmack und Aroma voll entwickelt.

Lachssteak mit Zitronensalz und Wirsingkohl

Ein leckeres Essen für die Winterzeit, reich an Omega-3-Fettsäuren und Vitamin C.

▶ Für 2 Personen
Braucht etwas mehr Zeit ⏲ 50 Min.
1 TL Meersalz · geriebene Schale von ½ Zitrone · ½ TL Pfeffer · 2 Lachssteaks à 140 g · 400 g Wirsing (1 kleiner Kohlkopf) · 1 TL Kümmelsamen · 1 Zwiebel · 1 TL Butter · 1 Prise Kümmelpulver · ½ Bund Lauchzwiebeln · 1 EL Öl · 1 TL rote Pfefferbeeren · 4 Scheiben Zitrone · 4 Zweige Dill

- Das Salz mit der abgeriebenen Zitronenschale und dem Pfeffer mischen. Die Lachssteaks kalt abbrausen, trocken tupfen mit dem Zitronensalz einreiben und abgedeckt im Kühlschrank etwas ziehen lassen.
- In der Zwischenzeit den Wirsingkohl waschen, vierteln und in Streifen schneiden. Einen großen Topf mit Salzwasser zum Kochen bringen und den Kümmelsamen zugeben. Den Wirsing darin ca. 5 Minuten kochen, herausnehmen, kalt abspülen und abtropfen lassen.
- Die Zwiebel schälen, fein würfeln und in der Butter glasig dünsten. Das Kümmelpulver einrühren. Den Wirsing zugeben und in der Butter schwenken und erhitzen.
- Lauchzwiebeln waschen, putzen, in Ringe schneiden und in der Hälfte des Öls andünsten. Die roten Beeren zugeben und mitdünsten.
- Parallel in dem restlichen Öl den Lachs von beiden Seiten 2–3 Minuten mit den Zitronenscheiben braten.
- Dill zupfen und fein schneiden.
- Die Frühlingszwiebeln mit den roten Beeren auf warmen Tellern anrichten, den Lachs mit den Zitronenscheiben daraufsetzen. Mit dem Dill bestreuen. Den Wirsing daneben anrichten und servieren.

▶ Nährwerte pro Portion
415 kcal | 34 g E | 25 g F | 10 g KH | 0 BE | 7 g BS

Wok-Gericht mit Lachs und Kokosmilch

Essen Sie gern thailändisch? Dann wird Ihnen dieses Rezept gefallen.

▶ Für 2 Personen
Ideal zum Mittag ⏲ 45 Min.
100 g Vollkornreis · 150 g Brokkoli · 100 g Sojasprossen · ½ Bund Frühlingszwiebeln · 3 cm frische Ingwerwurzel · 2 Knoblauchzehen · 2 EL Rapsöl · 1 TL Curry · 150 g Karotten · 100 g Bambusscheiben aus dem Glas · 100 ml Kokosmilch · 100 ml Gemüsebrühe · 1 TL Currypaste · 2 EL Sojasauce · 200 g Lachsfilet · Pfeffer · Salz

- Den Reis in ca. 200 ml Wasser oder Gemüsebrühe garen.
- Das frische Gemüse waschen und putzen. Karotten schälen und in Streifen von ca. 4 cm Länge schneiden
- Brokkoli und Sojasprossen in kochendem Salzwasser blanchieren, abgießen und kalt abschrecken.
- Die Frühlingszwiebeln in Ringe schneiden. Knoblauch und Ingwer schälen und fein würfeln.
- Öl in einem Wok oder einer tiefen Pfanne (mit Deckel) erhitzen. Frühlingszwiebel glasig dünsten, Knoblauch und Ingwer zugeben und mitdünsten. Nun das Curry zugeben und in dem Öl erwärmen.
- Karotten, Brokkoli und Sojasprossen zugeben, unterheben und kurz dünsten. Die Bambusscheiben zugeben. Mit Kokosmilch und Gemüsebrühe angießen, die Currypaste und Sojasauce zugeben und alles vorsichtig unterheben.
- Das Lachsfilet in 4 Teile schneiden und auf die Gemüsepfanne legen, mit Salz und Pfeffer würzen. Den Wok bzw. die Pfanne mit dem Deckel verschließen und bei kleiner Hitze ca. 10 Minuten garen lassen.
- Den Reis auf 2 Teller geben, das Wokgemüse mit dem Lachs danebengeben und genießen.

▶ Nährwerte pro Portion
445 kcal | 34 g E | 15 g F | 30 g KH | 2,8 BE | 7 g BS

Wok-Gericht mit Lachs und Kokosmilch

Blattsalat mit Avocado und Hoki-Fischfilet

Statt des Fischfilets können Sie auch Riesengarnelen verwenden.

▶ **Für 2 Personen**
Schön für Gäste ⏲ 25 Min.
100 g grüne Blattsalate · 100 g roter Eichblattsalat · 1 EL Zitronensaft · 1 TL Senf · schwarzer Pfeffer · Meersalz · 1 EL Walnussöl · 1 EL Olivenöl · 1 Avocado · 1 EL Zitronensaft · 2 Fischfilets · 1 EL Rapsöl · 1 EL Sesam

- Die Salatblätter waschen, trocknen, in mundgerechte Stücke zupfen und in eine Schüssel geben.
- Zitronensaft, Senf und Gewürze verrühren, zweierlei Öl zugeben, unterrühren, über den Salat geben und unterheben.
- Den Salat auf den Tellern anrichten, die Avocado schälen, in dünne Scheiben schneiden, über den Salat verteilen, den Zitronensaft über die Avocado träufeln.
- Die Fischfilets in dem Rapsöl von beiden Seiten ca. 3–4 Minuten braten, mit Pfeffer und Salz würzen, neben dem Salat anrichten.
- Den Sesam in einer trockenen Pfanne kurz anrösten und darüberstreuen.

▶ **Nährwerte pro Portion**
450 kcal | 37 g E | 30 g F | 6 g KH | 0,5 BE | 6 g BS

Bunter Gemüseauflauf mit Kabeljau

Sie können diesen Auflauf einfach mitnehmen und dann kurz in der Mikrowelle aufwärmen.

▶ Für 2 Personen

Gut mitzunehmen ⏲ 45 Min.

400 g Kabeljau · 1 Knoblauchzehe · 1 Msp. Chiliflocken · 1 EL Rapsöl · 200 g Brokkoliröschen · 200 g Erbsen · 200 g Karotten · 1 Zwiebel · 1 EL Margarine · 1 EL Mehl · 100 ml Gemüsebrühe · 100 ml Milch (1,5 % Fett) · 2 EL Crème légère · je 1 Msp. Curry und Cayennepfeffer · Pfeffer · Salz · ¼ Bund Schnittlauch · 4 Stiele Blattpetersilie

- Den Kabeljau kalt abbrausen, trocken tupfen und in ca. 2 cm große Würfel schneiden.
- Knoblauch schälen und in das Öl pressen. Die Chiliflocken zugeben. Den Kabeljau damit marinieren und beiseite stellen.
- Karotten schälen, halbieren und in Scheiben schneiden. Zusammen mit den Brokkoliröschen und den Erbsen in eine Auflaufform geben. Den Fisch darauf verteilen.
- Den Backofen auf 190 °C (Umluft 170 °C) vorheizen.
- Die Zwiebel schälen, fein würfeln und in der Margarine anbraten, mit dem Mehl bestäuben, dies einrühren und mit der Brühe unter ständigem Rühren aufgießen. Die Milch zugeben, alles kurz köcheln lassen. Die Crème légêre und die Gewürze unterrühren.
- Schnittlauch waschen, trocknen, in Röllchen schneiden und in die Sauce geben.
- Die Sauce über die Gemüse-Fisch-Mischung geben. Im Backofen ca. 30 Minuten garen.
- Die Petersilie waschen, trocken tupfen und hacken.
- Den Auflauf in der Form servieren, die Petersilie darüberstreuen.

▶ Nährwerte pro Portion

470 kcal | 50 g E | 13 g F | 20 g KH | 1,7 BE | 13 g BS

Penne all' Arrabbiata mit Thunfisch

Dies ist ein Rezept für Nudelfans, allerdings mit Vollkornnudeln.

▶ Für 2 Personen

Ideal zum Mittag ⏲ 30 Min.

100 g Vollkornnudeln · 1 gelbe Paprikaschote · 1 rote Paprikaschote · 1 Zwiebel · 2 Knoblauchzehen · je 1 rote und grüne Chilischote · schwarze Oliven (16 Stück) · 1 EL Rapsöl · 200 g Tomaten aus der Dose · 1 Dose Thunfisch (in Wasser) · schwarzer Pfeffer · Salz · 2 EL Oregano, Thymian, Basilikum · 2 EL geriebener Parmesan

- Die Nudeln in reichlich Salzwasser al dente kochen.
- Die Paprikaschoten waschen, putzen und in kleine Würfel schneiden.
- Zwiebel und Knoblauch schälen und fein würfeln. Die Chilischoten waschen und in feine Scheiben schneiden. Oliven in feine Scheiben schneiden.
- Das Öl in einer Pfanne erhitzen, die Zwiebel kurz glasig dünsten, die Paprikawürfel zugeben und ca. 5 Minuten dünsten. Knoblauch, Olivenscheiben und Tomaten aus der Dose zugeben.
- Den Thunfisch abgießen, mit einer Gabel zerkleinern und ebenfalls zugeben. Mit Pfeffer und Salz würzen und ca. 5 Minuten köcheln lassen.
- In der Zwischenzeit die Kräuter waschen, trocken tupfen und hacken. Kurz vor dem Servieren die Kräuter unter die Sauce heben.
- Die Nudeln mit der Gemüsesauce auf warmen Tellern anrichten, mit je 1 EL Parmesan bestreuen und servieren.

▶ Nährwerte pro Portion

485 kcal | 3 g E | 22 g F | 27 g KH | 2,3 BE | 3 g BS

Fischbratlinge auf Gemüse der Saison

Bei diesem Rezept können Sie sowohl die Fischfilets als auch die Gemüsebeilage frei variieren, je nach Angebot.

► Für 2 Personen

Gut mitzunehmen ⏱ 45 Min.

150 g Lachsfilet · 100 g Thunfischfilet · 100 g Heilbutt · ½ altbackenes Brötchen · ½ Bund Frühlingszwiebel (oder Lauch) · 1 Karotte (ca. 80 g) · 2 Stangen Sellerie · 1 Ei · 1 TL Speisestärke · Meersalz · Pfeffer · Chili · 300 g Saisongemüse (z. B. Kohlrabi, Fenchel, Schwarzwurzeln) · 1 rote Zwiebel · 1 EL Rapsöl · Gemüsefond · 2 TL saure Sahne · 2 EL gehackte Kräuter (z. B. Petersilie) · 1 EL Rapsöl

- Die Fischfilets zerkleinern. Das ½ Brötchen in Wasser einweichen.
- Gemüse waschen, putzen und in feine Würfel schneiden.
- Die Fischwürfel, Gemüsewürfel mit Ei, Speisestärke gut vermischen, das eingeweichte Brötchen gut ausdrücken und zugeben und mit den Gewürzen abschmecken. Die Masse zugedeckt ziehen lassen.
- Derweil das Saisongemüse waschen, putzen und in Stücke schneiden.
- Die gewürfelte Zwiebel in dem Öl andünsten, das Gemüse dazugeben und mitdünsten; eventuell noch etwas Gemüsefond zugeben.
- Mit Salz und Pfeffer abschmecken und warm halten.
- Kurz vor dem Servieren die saure Sahne und die Kräuter unterheben.
- In einer Pfanne das Rapsöl erhitzen, einzelne Portionen der Fischmasse zu Frikadellen formen und langsam von beiden Seiten goldbraun braten.
- Mit dem Gemüse anrichten und servieren.

► Nährwerte pro Portion

535 kcal | 44 g E | 26 g F | 17 g KH | 1,4 BE | 10 g BS

Französische Fischsuppe

Schmeckt nach Urlaub am Meer.

► Für 2 Personen

Gelingt leicht ⏱ 35 Min.

160 g Rotbarschfilet · 160 g Lachsfilet · 100 g Garnelen (küchenfertig) · 2 Karotten · 1 Fenchelknolle · 2 rote Spitzpaprika · 2 Frühlingszwiebeln · 1 EL Öl · 500 ml Fischbrühe (oder Gemüsebrühe) · 1 Msp. Safran · Meersalz · schwarzer Pfeffer · 1 Lorbeerblatt

- Fischfilets in Stücke schneiden und mit den Garnelen kurz in sprudelndem Salzwasser blanchieren. Mit der Schaumkelle herausheben.
- Gemüse waschen und putzen. Karotten schälen, halbieren und in dünne Scheiben schneiden.
- Das Fenchelgrün zum Dekorieren beiseitelegen, Fenchelknolle vierteln, den harten Strunk entfernen, Fenchel in dünne Scheiben schneiden.
- Spitzpaprika halbieren, Kerne entfernen, ebenfalls in Streifen schneiden.
- Frühlingszwiebeln putzen und in Ringe schneiden.
- Das Gemüse in einem großen Topf in Öl anbraten, mit der Fischbrühe aufgießen. Gewürze und Lorbeerblatt zugeben und mit geschlossenem Deckel ca. 4 Minuten garen. Den blanchierten Fisch mit den Garnelen zugeben und alles zusammen weitere 5 Minuten ziehen lassen.

► Nährwerte pro Portion

455 kcal | 46 g E | 19 g F | 4 g KH | 0,4 BE | 10 g BS

Tipp

Dazu passt ein Knoblauch-Vollkornbaguette: Toasten Sie pro Person 2 Scheiben Vollkornbaguette und reiben das warme Baguette mit einer angeschnittenen Knoblauchzehe ein. Zusätzliche Nährwerte pro Portion: 55 kcal, 2 g E, 0,5 g F, 10 g KH, 0,8 BE, 1 g BS.

Roter Matjessalat mit Vollkornbrot

Mit Matjes und rohen Zwiebeln eine herzhafte Brotzeit aus dem Norden.

- Matjes in ca. ½ cm breite Streifen schneiden.
- Rote Bete, Gewürzgurke und geschälte Zwiebel würfeln.
- Alle Zutaten in einer Schüssel vermischen. Sauerrahm, Joghurt, Gurkenwasser, Öl und frisch gemahlenen Pfeffer zugeben und unterheben.
- Der Salat sollte ca. 1 Stunde durchziehen, danach noch einmal mit Pfeffer und evtl. ein wenig Salz abschmecken.

► **Nährwerte pro Portion**

510 kcal | 27 g E | 33 g F | 18 g KH | 1,5 BE | 6 g BS

► **Für 2 Personen**

Gut mitzunehmen ⏲ 15 Min. plus 1 Std. Ziehzeit

300 g	Matjes
300 g	rote Bete (vorgekocht)
150 g	Gewürzgurken (3 Stück)
1 große	rote Zwiebel
4 EL	Naturjoghurt (1,5 %)
2 EL	Sauerrahm (10 %)
2 EL	Gurkenwasser
2 EL	Rapsöl
2 Scheiben	(à 25 g) grobkörniges Vollkornbrot

Lachs-Blattspinat-Gratin

Statt frischen Blattspinat können Sie auch Tiefkühlblattspinat verwenden – ans vorherige Auftauen denken.

▶ Für 2 Personen

Gelingt leicht · 30 Min. plus 35 Min. Backzeit

200 g Kartoffeln · 1 große Zwiebel · 1 EL Rapsöl · 500 g Blattspinat · 100 ml Gemüsebrühe · schwarzer Pfeffer · 3 Eier · 125 ml Milch (1,5 % Fett) · Salz · Muskat · 100 g Räucherlachs · 20 g Emmentaler, gerieben · 250 g Kirschtomaten · 1 TL Olivenöl

- Die Kartoffeln schälen und in ca. 0,5 cm dicke Scheiben schneiden.
- Die Zwiebel schälen und in halbe Ringe schneiden.
- Das Öl in einer Pfanne erhitzen, die Zwiebeln darin glasig dünsten, die Kartoffeln zugeben und ca. 10 Minuten mit den Zwiebeln braten.
- Den Spinat waschen, die Stiele abschneiden. Die Gemüsebrühe in einem Topf erhitzen, den Blattspinat zugeben und zusammenfallen lassen. Mit Pfeffer würzen. Abtropfen lassen.
- Den Backofen auf 170 °C (Umluft 150 °C) vorheizen.
- Eier und Milch gut verrühren, mit Pfeffer, Salz und Muskat würzen.
- Eine Gratinform mit Backpapier auslegen.
- Zuerst eine Schicht Kartoffeln einlegen, dann den Spinat und die Lachsscheiben darauflegen. Zum Schluss mit einer Lage Kartoffeln abschließen.
- Die Eiermilch darübergießen.
- Im Ofen für ca. 30 Minuten backen. Den Käse darüberstreuen und weitere 5 Minuten im Backofen lassen.
- Die Kirschtomaten waschen und in dem Olivenöl braten, bis sie leicht aufplatzen. Mit wenig Salz und etwas Pfeffer würzen. Zusammen mit dem Gratin servieren.

▶ Nährwerte pro Portion

515 kcal | 36 g E | 27 g F | 19 g KH | 1,6 BE | 9 g BS

Provenzalischer Muscheltopf

Für Muschelliebhaber und Freunde der französischen Küche ein exquisiter Genuss.

▶ Für 2 Personen

Schön für Gäste · 45 Min.

500 g Miesmuscheln · 100 ml Wasser · 1 mittelgroße Zwiebel · 2 Knoblauchzehen · 150 g Stangensellerie · 200 g Fenchel · 150 g Karotten · 200 g Kartoffeln · 1 EL Rapsöl · 1 TL Mehl · 30 g geräucherter, magerer Schinken · 50 ml trockener Weißwein · 1 Zweig Thymian · 2 Blätter Salbei · 1 Zweig Oregano · Salz · Pfeffer · 100 ml Fischfond · 2 TL Sauerrahm (10 % Fett)

- Die Muscheln waschen und putzen. Geöffnete Muscheln nicht verwenden.
- Das Wasser und die Muscheln in einen großen Topf geben. Mit einem Deckel verschließen und für ca. 5–8 Minuten garen, bis sich die Muscheln öffnen. Den Sud abgießen und auffangen. Die nicht geöffneten Muscheln entfernen.
- Alle anderen Muscheln aus der Schale nehmen.
- Zwiebel und Knoblauch schälen und würfeln.
- Das Gemüse waschen, schälen, in Würfel schneiden und mit dem gewürfelten Schinken in Öl anbraten, mit Mehl bestäuben.
- Mit dem Weißwein ablöschen, Muschelsud und Fischfond zugeben. Kurz köcheln lassen, die Muscheln unterheben und vom Herd nehmen.
- Mit Pfeffer, und wenn noch nötig, mit etwas Salz abschmecken, gehackte Kräuter zugeben, den Sauerrahm unterheben.
- Auf vorgewärmten Tellern servieren.

▶ Nährwerte pro Portion

418 kcal | 36 g E | 14 g F | 20 g KH | 2 BE | 7 g BS

Tipp

In allen Monaten mit einem „r“ im Namen gibt es frische Muscheln zu kaufen.

Provenzalischer Muscheltopf

Schwertfisch mit Rucola-Tomaten-Belag

Wenn Ihnen der Sinn nach einem neuen Fischgeschmack steht, verwenden Sie auch einmal Schwertfisch.

▶ Für 2 Personen

Gelingt leicht ⏲ 20 Min.

2 Scheiben Schwertfisch (ca. 1 cm dick, à ca. 180 g) · 2 EL Zitronensaft · 1 EL Rapsöl · 4 aromatische Tomaten · 1 Bund Rucola · schwarzer Pfeffer · Meersalz

- Den Fisch mit kaltem Wasser abspülen und trocken tupfen. Mit Zitronensaft beträufeln und salzen.
- Das Öl in einer Pfanne erhitzen; falls vorhanden, können Sie gerne eine Grillpfanne benutzen und den Fisch darin von beiden Seiten ca. 5 Minuten braten. Mit dem Pfeffer und Salz würzen.
- Tomaten und Rucola waschen und putzen. Den Rucola gut trocken tupfen.
- Die Tomaten in ca. 1 cm große Würfel schneiden. Den Rucola in ca. 1 cm breite Streifen schneiden.
- Beides miteinander vermischen, salzen, pfeffern.
- Sobald der Fisch gebraten ist, diesen auf 2 Teller geben und mit der Tomaten-Rucola-Mischung bedecken.

▶ Nährwerte pro Portion

335 kcal | 38 g E | 15 g F | 1 g KH | 0 BE | 4 g BS

Als Kind habe ich Fischstäbchen geliebt – nun bin ich groß und esse „richtigen Fisch“. Nicht jede Woche, aber immer mal wieder. Gerne probiere ich auch mal etwas ungewöhnliche Fischsorten aus wie Tilapia, Dorade oder Schwertfisch.

Kabeljau in Estragonsauce mit goldgelben Rösti

Der Estragon verleiht dem Fischfilet einen ganz besonderen Geschmack.

▶ Für 2 Personen

Schön für Gäste ⏲ 45 Min.

1 Schalotte · 1 EL Butter · 1 EL Mehl · 100 ml Fischfond · 100 ml Milch · 1 TL Zitronensaft · schwarzer Pfeffer · Salz · ½ Bund Estragon · 300 g Kabeljaufilets · 300 g Rosenkohl · 200 g Karotten · 200 g Kartoffeln · 1 Zwiebel · 1 EL Rapsöl

- Die Schalotten schälen, in feine Würfel schneiden und in der Butter glasig dünsten. Mit dem Mehl bestäuben, den Fischfond angießen und aufkochen lassen.
- Die Milch zugeben, kurz köcheln lassen.
- Mit Pfeffer und Salz würzen, mit dem Zitronensaft abschmecken.
- Estragon waschen, trocken tupfen, fein schneiden und zugeben.
- Den Kabeljau einlegen und ca. 15 Minuten in der Sauce gar ziehen lassen.
- In der Zwischenzeit das Gemüse waschen und putzen. Den Rosenkohl von dem kleinen Strunk befreien, in leicht gesalzenem Wasser auf den Biss garen, etwas abkühlen lassen, halbieren und in Streifen schneiden.
- Die Kartoffeln als Pellkartoffeln kochen, abkühlen lassen und raspeln. Karotten schälen und ebenfalls raspeln.
- Alles miteinander vermischen und mit Pfeffer und Salz würzen.
- Öl in einer Pfanne erhitzen, von der Gemüse-Kartoffelmasse Rösti in die Pfanne setzen und mit dem Löffelrücken etwas verstreichen.
- Von beiden Seiten goldgelb backen.
- Den Fisch aus der Sauce heben und auf 2 Tellern anrichten. Die Rösti daneben platzieren und etwas von der Estragonsauce an den Fisch geben.

▶ Nährwerte pro Portion

420 kcal | 41 g E | 12 g F | 35 g KH | 1,8 BE | 11 g BS

Kabeljau in Estragonsauce mit goldgelben Rösti

Köstliche Desserts

Haben Sie Lust auf etwas Süßes?

Wie wäre es mit Vanillepudding mit Heidelbeersauce, einem Schokoladen-Pfannkuchen oder einem Fruchteis? Probieren Sie die Rezeptideen einfach aus. Sie können auch gern selbst kreativ werden, worauf Sie dabei achten sollten, will ich Ihnen kurz erläutern.

Wie kann man es beispielsweise hinbekommen, etwas süß schmecken zu lassen, ohne viel Zucker oder andere Kohlenhydratbomben einzusetzen? Wenn Sie jetzt meinen, „kein Problem, ich verwende einfach reichlich Süßstoff", dann ist das nicht uneingeschränkt zu befürworten. Denn Süßstoffe sind chemische Süßungsmittel, die zwar kalorienfrei sind, doch bei übermäßigem Verzehr möglicherweise zu gesundheitlichen Schäden führen können. Die Studienlage ist hierzu uneinheitlich. Auf jeden Fall haben Süßstoffe eine extrem intensive Süßkraft, die unser natürliches Süßempfinden verfälscht.

Doch Ihr Süßempfinden können Sie wieder auf ein gesundes Maß bringen, indem Sie den Konsum von Süßem und Süßungsmitteln stark einschränken. Innerhalb von wenigen Wochen reagieren Sie empfindlicher auf Süßes und benötigen immer weniger Süßungsmittel, um den gleichen Geschmackseindruck zu haben. Idealerweise süßen Sie bei Bedarf Ihre Speisen nur mit einer sehr kleinen Menge Honig oder Agavendicksaft, wie in den Rezepten angegeben. Kleine Mengen natürlich deswegen, weil Sie hier die reinen, schnellen Kohlenhydrate haben, die für einen raschen Blutzuckeranstieg und damit eine intensive Insulinausschüttung verantwortlich sind. Daher wird ein sehr sparsamer Umgang damit empfohlen. Gegen den sparsamen Einsatz von Süßstoff ist auch nichts einzuwenden.

Eine weitere Option zum Süßen ist Stevia. Das Süßungsmittel Steviolglycosid wird als natürliches Süßungsmittel aus den Blättern der Stevia-Pflanze gewonnen. Im November 2011 wurde es in der EU als Lebensmittel zugelassen. Seit Dezember 2011 darf es in Deutschland als Zusatzstoff in Lebensmitteln verwendet werden. Stevia gibt es als Streusüße, Tabletten oder flüssig. Sie können es als Ersatz für den künstlichen Süßstoff oder Zucker nehmen. Da die Süßkraft äußerst intensiv ist, sollten Sie es sehr sparsam verwenden. Für den täglichen Verzehr gibt es in Deutschland Höchstmengen, da die Gefahren einer Überdosierung von Stevia nach wie vor ungeklärt sind. Daher gilt die Empfehlung, nicht grundsätzlich und alles mit Stevia zu süßen.

Wenn Sie Süßstoff und auch Stevia nur selten und sparsam verwenden und im Rahmen der Almased-Diät kaum noch zuckerhaltige Lebensmittel verzehren, wird Ihr Süßempfinden in seinen natürlichen Zustand zurückversetzt. Dann schmecken bereits reife Früchte sehr süß und Sie werden auch geringe Mengen von Honig in einer Speise deutlich herausschmecken. Sie müssen also keinesfalls auf Süßes verzichten, Sie verfeinern einfach nur Ihre Sinne.

Wenn Sie im Rahmen der Almased-Diät Lust auf ein Dessert haben, wählen Sie bitte für die Hauptmahlzeit kein Gericht, das bereits durch Nudeln, Reis oder ähnliche Beilagen relativ viele Kohlenhydrate enthält, sondern eines mit viel Gemüse oder Salat plus einer Eiweißkomponente. So können Sie problemlos die Kohlenhydrate über ein leckeres Dessert ergänzen. Naschkatzen müssen also keineswegs auf eine feine Nachspeise verzichten. Bestimmt regen die Rezeptideen Ihre Fantasie an und Sie kreieren eigene Varianten.

Buttermilch-Zitroneneis

Köstlich erfrischend.

► Für 2 Personen

Geht schnell ⏲ 10 Min.
plus 30 Min. Gefrierzeit

2 Blatt Gelatine · 200 ml Buttermilch · 1 EL Zitronensaft · 1 TL Honig · ¼ TL Bourbon-Vanillepulver · ½ TL Zitronenschale (von ungespritzter Zitrone) · 3–4 Tropfen Zitronenöl (Bioladen) · Zitronenmelisse für die Dekoration

- Die Gelatine in kaltem Wasser für ca. 5 Minuten einweichen.
- Den Zitronensaft mit einem Schuss Wasser in einem kleinen Topf erhitzen und die Gelatine darin auflösen. Von der Kochstelle nehmen und unter regelmäßigem Rühren etwas abkühlen lassen.
- Alle anderen Zutaten gut miteinander verrühren. Von dieser Masse 2–3 EL in die Gelatine einrühren. Wichtig ist, dass sich keine Klümpchen bilden.
- Anschließend die abgekühlte Gelatine in die Buttermilch-Mischung einrühren und gut unterschlagen.
- Alles für ca. 30 Minuten in eine Eismaschine geben.
- In 2 Schälchen portionieren, mit der Zitronenmelisse garnieren und genießen.

► Nährwerte pro Portion

285 kcal | 33 g E | 17,7 g F | 29 g KH | 2,4 BE | 0 g BS

Seidentofu-Beerenfrüchteeis

Cremiges Fruchteis.

► Für 2 Personen

Geht schnell ⏲ 10 Min.
plus 30 Min. Gefrierzeit

2 Blatt Gelatine · 50 g Beerenfrüchte · 200 g Seidentofu · 1 TL Honig · ¼ TL Bourbon-Vanillepulver · 2 Sträußchen Zitronenmelisse für die Dekoration

- Die Gelatine in kaltem Wasser für ca. 5 Minuten einweichen.
- Einen kleinen Schuss Wasser in einem kleinen Topf erhitzen und die Gelatine darin auflösen. Von der Kochstelle nehmen und unter regelmäßigem Rühren etwas abkühlen lassen.
- Die Beerenfrüchte pürieren und nach und nach in die geschmolzene Gelatine geben.
- Seidentofu, Honig und Bourbon-Vanille gut miteinander verrühren.
- Anschließend die abgekühlte Gelatine-Beerenmischung in die Seidentofu-Creme einrühren.
- Alles für ca. 30 Minuten in eine Eismaschine geben.
- In 2 Schälchen portionieren, mit der Zitronenmelisse garnieren und genießen.

► Nährwerte pro Portion

135 kcal | 13 g E | 4 g F | 10 g KH | 0,8 BE | 3 g BS

Luftige Nockerln in Erdbeersauce

Die leichten Nockerln zerschmelzen auf der Zunge.

► Für 2 Personen

Schön für Gäste ⏲ 20 Min.

300 g Erdbeeren · 1 TL Zitronensaft · 2 Eiweiß · 1 TL Vanillezucker · 250 ml Milch · 100 ml Milch · 1 Prise Bourbon-Vanillepulver · 1 TL Vanillepuddingpulver · etwas Süßstoff

- Die Erdbeeren mit dem Zitronensaft pürieren.
- Das Eiweiß mit dem Vanillezucker steif schlagen.
- Die Milch zum Kochen bringen, von dem Eiweiß mit 2 Teelöffeln Nockerln abstechen und für 6 Minuten in die köchelnde Milch geben.
- Für die Vanillesauce das Puddingpulver in ein wenig kalter Milch anrühren, die restliche Milch mit dem Vanillearoma zum Kochen bringen, das angerührte Puddingpulver einrühren, kurz aufkochen und etwas abkühlen lassen. Nach Geschmack mit flüssigem Süßstoff süßen.
- Die Erdbeersauce auf 2 Tellern verteilen, die Nockerln daraufsetzen und je einen Klecks Vanillesauce dazugeben.

► Nährwerte pro Portion

120 kcal | 8 g E | 1 g F | 17 g KH | 1,4 BE | 3 g BS

Luftige Nockerln in Erdbeersauce

Marmorierte Quarkcreme

Mmhh – das Zimt-Pflaumenmus verleiht der Quarkcreme einen besonders feinen Geschmack.

Für 2 Personen
Geht schnell 10 Min.

- 2 reife blaue Pflaumen
- ½ TL Zimt
- 1–2 Sternanis
- 100 g Magerquark
- 60 g Naturjoghurt (1,5 % Fett)
- ½ TL Agavendicksaft

- Die Pflaumen waschen, entsteinen, klein schneiden und in einem Topf mit dem Sternanis unter Rühren erwärmen, bis sie weich werden. Den Zimt unterrühren.
- Falls nötig ein wenig Wasser zugeben.
- Von der Kochstelle nehmen, den Sternanis entfernen und die Pflaumen pürieren und abkühlen lassen.
- Den Quark mit dem Joghurt glattrühren, mit dem Agavendicksaft süßen und in 2 Schälchen füllen.
- Sobald das Pflaumenpüree abgekühlt ist, unter die Quarkspeise ziehen, sodass ein Muster entsteht.

Nährwerte pro Portion
130 kcal | 16 g E | 1 g F | 12 g KH | 1 BE | 1 g BS

Vanillepudding mit Heidelbeersauce

Ein köstliches Dessert, obendrein reich an Antioxidanzien aus den Heidelbeeren.

▶ **Für 2 Personen**

Schön für Gäste ⏲ 20 Min. plus 2–3 Std. Kühlzeit

200 ml Milch (1,5 % Fett) · ½ Vanilleschote · 2 Blatt Gelatine · ½ TL geriebene Zitronenschale · 1 TL Honig · 150 g Seidentofu · 100 g Heidelbeeren (frisch oder TK-Ware) · ½ TL Agavendicksaft

- Die Gelatine in kaltem Wasser einweichen.
- Die Milch erhitzen. Das Mark aus der halben Vanilleschote auskratzen und in die Milch geben.
- Die Gelatine ausdrücken und in der Milch auflösen.
- Sobald die Milch abgekühlt ist, Seidentofu unterrühren.
- Den Pudding in Förmchen füllen, mit Frischhaltefolie abdecken und – am besten über Nacht – in den Kühlschrank stellen.
- Für die Sauce die Heidelbeeren waschen und in einem Topf erwärmen. Die Beeren sollten weich werden, aber nicht ganz zerfallen. Mit dem Agavendicksaft süßen, ebenfalls kalt stellen.
- Zum Stürzen die Puddingförmchen für einen kurzen Moment in heißes Wasser halten, den Vanillepudding auf einen kleinen Teller stürzen, die Sauce um den Pudding herum anrichten und servieren.

▶ **Nährwerte pro Portion**

115 kcal | 10 g E | 4 g F | 10 g KH | 0,8 BE | 2,5 g BS

Tipp

Wenn Sie in Ihren Desserts Seidentofu statt Joghurt verwenden oder zumindest einen Teil ersetzen, optimieren Sie Ihre Eiweiß-Kohlenhydrat-Bilanz.

Quark mit Beerenfrüchten

Ein aromatisch-fruchtiges Dessert, das sich jederzeit rasch zubereiten lässt.

▶ **Für 2 Personen**

Geht schnell ⏲ 10 Min.

250 g Magerquark · 100 g Seidentofu · 50 ml kohlensäurehaltiges Mineralwasser · ½ Vanilleschote · 1 TL Honig · 4 EL (60 g) Beerenfrüchte (auch als ungezuckerte TK-Ware)

- Den Quark mit dem Mineralwasser glattrühren und den Seidentofu unterrühren.
- Die halbe Vanilleschote mit dem Messerrücken auskratzen und zusammen mit dem Honig unterrühren.
- Frische Beerenfrüchte kurz kalt abbrausen, trocken tupfen und – bis auf 4 Früchte – unter den Quark heben.
- Um das Aroma der Früchte zu intensivieren, können die Früchte zunächst mit einer Gabel zerdrückt und dann erst in den Quark gegeben werden.
- Die Quarkspeise in 2 Schälchen füllen, mit den 4 Früchtchen garnieren und servieren.

▶ **Nährwerte pro Portion**

135 kcal | 20 g E | 2 g F | 9 g KH | 0,8 BS | 1,4 g BS

Wie schön, dass ich hier auch naschen darf! Ein Pudding oder eine Quarkspeise als Nachtisch (oder direkt als süßes Hauptgericht, dann darf ich nämlich gleich beide Portionen essen), einfach fein! Die Rezepte sind dabei trotzdem kalorienarm – optimal für Naschkatzen wie mich.

Schoko-Kokos-Cotta

Dank Kokosmilch ein köstlich „sahniges“ Dessert.

► Für 2 Personen

Schön für Gäste 20 Min.

2 Blatt Gelatine · 150 ml Kokosmilch · 1 EL dunkles Kakaopulver · ½ TL Agavendicksaft · 1 Eiweiß · 80 g frische Mango · 1 TL Kokosraspel · 1 TL Zartbitter-Schokoladenraspel

- Die Gelatine 5 Minuten in kaltem Wasser einweichen.
- Die Kokosmilch zum Kochen bringen. Kakaopulver, Agavendicksaft und die aufgelöste Gelatine einrühren.
- Das Eiweiß sehr steif schlagen und unter die bereits etwas abgekühlte Kokosmilch heben.
- Die Kokoscreme in 2 Dessertschalen füllen und kalt stellen.
- Kurz vor dem Servieren die Mango schälen, in feine Würfel schneiden und auf die Creme geben.
- Mit je ½ TL Kokos- und Schokoladenraspel bestreuen und servieren.

► Nährwerte pro Portion

85 kcal | 5 g E | 3 g F | 9 g KH | 0,8 BE | 3 g BS

Tipp

Kokosmilch ist mit lediglich 1 g Fett und 2 g KH pro 100 ml ein perfekter Ersatz für Sahne. Sie können Sie sowohl bei Gemüse-, Fleisch- und Fischgerichten einsetzen – besonders schmackhaft in Kombination mit asiatischen Gewürzen – als auch bei Süßspeisen.

Schoko-Pancake mit Mango-Mousse

Dieses Dessert eignet sich gut in Kombination mit einem sehr KH-armen Hauptgericht, damit die Bilanz wieder stimmt.

► Für 2 Personen

Schön für Gäste 30 Min.

50 ml Maracujasaft · Saft von 1 Limette · 2 Blatt weiße Gelatine · ½ reife Mango · 1 Eiweiß · ¼–½ TL Steviapulver

Für die Pfannkuchen

2 kleine Eier · 80 ml Milch, 1,5 % Fett · 25 ml Mineralwasser · 1 Prise Bourbon-Vanillepulver · ¼–½ TL Stevia · 1 TL Honig · 1 TL dunkles Kakaopulver (5 g) · 50 g Kichererbsenmehl

- Den Maracujasaft mit dem Limettensaft erwärmen, die Gelatine in kaltem Wasser einweichen, herausnehmen, ausdrücken und in dem warmen Saft auflösen.
- Die halbe Mango pürieren. Den Saft mit der aufgelösten Gelatine unter das Mangopüree ziehen.
- Das Eiweiß zu einem steifen Schnee schlagen und unter das Mangopüree heben. Mit Stevia abschmecken. Die Füllung in den Kühlschrank stellen.
- Für die Pfannkuchen: Alle Zutaten mit dem Mixer zu einem glatten Teig verrühren und 5 Minuten quellen lassen.
- In der Butter aus dem Teig die Pfannkuchen ausbacken.
- Je nach Größe der Pfanne könnte diese Menge Teig 2 oder 4 Pfannkuchen ergeben.
- Wenn die Pfannkuchen abgekühlt sind, die Füllung am besten mit einem Spritzbeutel in einem Streifen in die Mitte der Pfannkuchen platzieren.
- Die Pfannkuchen aufrollen und diagonal halbieren.
- Mit dem Minze Sträußchen garnieren und servieren.

► Nährwerte pro Portion

240 kcal | 17 g E | 7 g F | 24 g KH | 2 BE | 6 g BS

Tipp

Je nachdem welches Stevia-Produkt Sie nehmen, ist die Süßkraft unterschiedlich. Dosieren Sie sehr sparsam und schmecken die Speise ab.

Schoko-Pancake mit Mango-Mousse

Versunkene Aprikosen

Ein warmes Dessert – schön als Abschluss zu einer kalten Hauptspeise.

▸ **Für 2 Personen**
Gelingt leicht 10 Min.
plus 25 Min. Backzeit
3 Aprikosen · 2 Eier · Schale einer halben Zitrone · 1 TL Vanillezucker · 150 g leichte Crème légère · 50 g Naturjoghurt (1,5 % Fett) · 1 TL gehobelte Mandeln

- Den Backofen auf 200 °C (Umluft auf 180 °C) vorheizen.
- Die Aprikosen waschen, trocknen, halbieren und entkernen.
- Die Eier trennen, das Eiweiß zu steifem Schnee schlagen.
- Das Eigelb mit der geriebenen Zitronenschale und dem Vanillezucker glattrühren. Die Crème légère und Joghurt unterrühren. Zum Schluss den Eischnee unterheben. Die Masse in feuerfeste Förmchen geben.
- Die halbierten Aprikosen mit der Rundung nach oben auf die Eimasse legen. Die Mandelblättchen darüberstreuen.
- Im Backofen ca. 25 Minuten backen.

▸ **Nährwerte pro Portion**
250 kcal | 10 g E | 17 g F | 13 g KH | 1,1 BE | 1,4 g BS

Sanddorncreme mit Körnerhaube

Sanddorn ist ein köstlicher Vitamin-C-Lieferant.

▸ **Für 2 Personen**
Geht schnell 10 Min.
1 TL Sonnenblumenkerne · 1 TL Pistazienkerne · 150 g Magerquark · 150 g Naturjoghurt (1,5 % Fett) · 2 TL Sanddornmus · ½ Vanilleschote · ½ TL Agavendicksaft

- Sonnenblumen- und Pistazienkerne in einer trockenen Pfanne rösten, auf einen Teller geben und abkühlen lassen.
- Quark und Joghurt in eine Schüssel geben. Sanddorn, ausgestrichene Vanille aus der Schote und Agavendicksaft einrühren.
- Die gerösteten Saaten über das Joghurt streuen.

▸ **Nährwerte pro Portion**
160 kcal | 15 g E | 7 g F | 8 g KH | 0,7 BE | 0,5 g BS

Tipp

Die Saaten können wunderbar auf Vorrat geröstet und innerhalb von 2 Wochen aufgebraucht werden.

Quark-Haselnuss-Pfannkuchen

Durch das Mineralwasser werden die Pfannkuchen luftig.

▸ **Für 2 Personen**
Gelingt leicht 25 Min.

Für die Pfannkuchen
1 Ei · 75 ml Milch · 1 Schuss Mineralwasser mit Kohlensäure · 20 g Kichererbsenmehl · 20 g sehr fein gemahlene Haselnüsse · 1 TL Honig · 1 Prise Bourbon-Vanillepulver · 1 EL Butter zum Ausbraten

Für die Füllung
100 g Magerquark · ½ Vanilleschote · einige Tropfen Rumaroma · ½ TL Agavendicksaft · abgeriebene Schale einer ungespritzten Zitrone

- Für die Pfannkuchen alle Zutaten zu einem glatten Teig verrühren.
- Den Teig 5 Minuten quellen lassen. Anschließend in der Butter nach und nach die Pfannkuchen ausbacken.
- Für die Füllung alle Zutaten miteinander verrühren, die Pfannkuchen damit füllen und servieren.

▸ **Nährwerte pro Portion**
330 kcal | 27 g E | 18 g F | 14 g KH | 1,2 BE | 2 g BS

Italienische Limonencreme

Gut gekühlt eine wunderbar säuerlich-erfrischende Nachspeise.

- Die Gelatine in kaltem Wasser einweichen.
- Limonensaft und Wasser verrühren und zum Kochen bringen. Die Gelatine ausdrücken und in der Saft-Wasser-Mischung auflösen.
- Abkühlen lassen, mit Stevia vorsichtig süßen, abschmecken und den Quark und die Crème légère einrühren. Die Bourbon-Vanille unterrühren.
- Das Eiweiß sehr steif schlagen und vorsichtig unter die Creme heben.
- Die Creme in 2 Gläser füllen und für ca. 2–3 Stunden kalt stellen.
- Vor dem Servieren mit den Zesten der Limonenschale dekorieren.

▸ **Nährwerte pro Portion**

165 kcal | 11 g E | 9 g F | 8 g KH | 0,7 BE | 0 g BS

▸ **Für 2 Personen**

Gelingt leicht ⌚ 15 Min. plus 2–3 Std. Kühlzeit

2 Blätter	weiße Gelatine
75 ml	Limonensaft
25 ml	Wasser
½–1 TL	Stevia zum Süßen
75 g	Magerquark
125 g	Crème légère
1 Prise	Bourbon-Vanille
1	Eiweiß
	einige Limonenzesten

Griechische Joghurtmousse mit Honig

Aus Joghurt wird mit wenigen Zutaten eine feine Mousse.

▶ Für 2 Personen

Geht schnell 10 Min.

200 g griechischer Joghurt (fettarm) · 100 g Magerquark · 1 TL Honig · ½ Vanilleschote · 1 Eiweiß

- Joghurt und Quark verrühren.
- Das Mark aus der halben Vanilleschote streichen und zugeben.
- Das Eiweiß steif schlagen und unterziehen.
- Die Mousse in 2 Dessertschalen verteilen, den Honig mit einer Gabel in die Creme ziehen und servieren.

▶ Nährwerte pro Portion

105 kcal | 13 g E | 2 g F | 8 g KH | 0,7 BE | 0 g BS

Brombeer-Tiramisu

Die fruchtig-leichte Variante des kalorienreichen Klassikers.

▶ Für 2 Personen

Geht schnell 12 Min.

2 Vollkornkekse · 100 g Sauerrahm · (10 % Fett) · 200 g Joghurt (1,5 % Fett) · 1 unbehandelte Zitrone · Süßstoff · 1 Eiweiß · 100 g Brombeeren · 1 kleine rote Chilischote · 2 Minze-Sträußchen

- Die Kekse zerkrümeln und in 2 Glas-Dessertschalen verteilen.
- Sauerrahm, Joghurt und ein wenig Süßstoff miteinander verrühren. Von der unbehandelten Schale der Zitrone ca. ½ TL abreiben und in die Creme geben.
- Das Eiweiß steif schlagen und unterheben.
- Von den Brombeeren 2 beiseitelegen, die restlichen zerdrücken. Die Chilischote waschen und in sehr feine Streifen schneiden. Mit den Brombeeren vermischen.
- Nun eine Schicht Joghurtcreme auf die Kekskrümel geben, dann das Brombeerpüree. Mit der Joghurtcreme abschließen.
- Mit den Brombeeren und dem Minze-Sträußchen garnieren und servieren.

▶ Nährwerte pro Portion

180 kcal | 10 g E | 9 g F | 10 g KH | 0,8 BE | 2 g BS

Frozen Blueberry

Ein einfaches Rezept, um selbst leckeres Fruchteis herzustellen.

▶ Für 2 Personen

Gelingt leicht 10 Min. plus 1 Std. Kühlzeit

200 g griechischer Joghurt (fettarm) · 100 g Seidentofu · 1 unbehandelte Zitrone · ½ TL Agavendicksaft · 100 g gefrorene Heidelbeeren

- Joghurt und Seidentofu in einer Schüssel miteinander verrühren.
- Die Schale von der Zitrone abreiben, die Zitrone auspressen. Beides dazugeben.
- Mit Agavendicksaft süßen.
- Die Heidelbeeren zugeben und nun alles miteinander pürieren.
- In das Eisfach stellen und in der folgenden Stunde immer wieder umrühren.
- In 2 Gläser füllen und servieren.

▶ Nährwerte pro Portion

95 kcal | 7 g E | 3 g F | 8 g KH | 0,7 BE | 3 g BS

Tipp

Diese Eisvariante funktioniert auch mit allen anderen Beerenfrüchten. An den Nährwertangaben verändert sich nichts, wenn Sie 100 g Beerenfrüchte verwenden.

Crêpes mit Orangenfilets und leichter Creme

Eine neue Variante der beliebten Crêpes.

► **Für 2 Personen**

Gelingt leicht ⏲ 20 Min.

40 g Kichererbsenmehl · 1 Ei · 100 ml Milch, 1,5 % Fett · 1 TL Honig · 1 TL Butter · 1 Orange · 100 g Magerquark · 50 g Crème légère · ½ Vanilleschote

- Mehl, Ei, Milch und Honig zu einem glatten Teig verrühren.
- Die Orange schälen, die Filets herauslösen, auf einen separaten Teller legen und den restlichen Saft in eine Schüssel pressen.
- Den Quark, die Crème légère und das Mark der halben Vanilleschote dazugeben und alles miteinander verrühren.
- Einen Teil der Butter in einer kleinen Pfanne erhitzen, ¼ von dem Teig in die Pfanne geben, gleichmäßig verlaufen lassen und goldbraun backen. Den Crêpe wenden und von der anderen Seite backen. Die anderen 3 Crêpes ebenso ausbacken.
- Je ¼ der Orangencreme mit einem Esslöffel in eine Hälfte der Crêpes streichen und die Orangenfilets gleichmäßig darauf verteilen. Anschließend die andere Hälfte darüberklappen.

► **Nährwerte pro Portion**

225 kcal | 17 g E | 10 g F | 20 g KH | 1,7 BE | 5 g BS

Rezept- und Zutatenverzeichnis

Sachverzeichnis

Bibliografische Information der Deutschen Nationalbibliothek
Die Deutsche Nationalbibliothek verzeichnet diese Publikation in der Deutschen Nationalbibliografie; detaillierte bibliografische Daten sind im Internet über http://dnb.d-nb.de abrufbar.

Programmplanung: Uta Spieldiener
Redaktion: Anne Bleick
Bildredaktion: Anne Bleick, Christoph Frick

Umschlaggestaltung und Layout:
CYCLUS · Visuelle Kommunikation, Stuttgart

Bildnachweis:
Umschlagfoto vorn, hinten: Nikolai Buroh/Westermann + Buroh Studios
Fotos im Innenteil: Nikolai Buroh/Westermann + Buroh Studios

1. Auflage 2013

Oswald-Hesse-Straße 50, 70469 Stuttgart

Printed in Germany

Repro: ludwig : media, Zell am See

Satz: CYCLUS · Media Produktion, Stuttgart
gesetzt in: InDesign CS6

Druck: AZ Druck- und Datentechnik GmbH, Kempten

Gedruckt auf chlorfrei gebleichtem Papier

ISBN 978-3-8304-6791-5 2 3 4 5 6

Auch erhältlich als E-Book:
eISBN (PDF) 978-3-8304-6792-2
eISBN (ePub) 978-3-8304-6793-9

SERVICE

Liebe Leserin, lieber Leser,

hat Ihnen dieses Buch weitergeholfen? Für Anregungen, Kritik, aber auch für Lob sind wir offen. So können wir in Zukunft noch besser auf Ihre Wünsche eingehen. Schreiben Sie uns, denn Ihre Meinung zählt!

Ihr TRIAS Verlag
E-Mail Leserservice: heike.schmid@medizinverlage.de
Lektorat TRIAS Verlag, Postfach 30 05 04, 70445 Stuttgart,
Fax: 0711 89 31-748